Все реки текут в море...

Ангелина Литвинова

Signalman Publishing

Все реки текут в море...
by Ангелина Литвинова

Signalman Publishing
www.signalmanpublishing.com
email: info@signalmanpublishing.com
Kissimmee, Florida

Copyright© 2015 Angelina Litvinova
All rights reserved. No part of this book me be reproduced or transmitted in any form or means without permission in writing from author.

© 2015 АНГЕЛИНА ЛИТВИНОВА
Воспроизведение всей книги или любой её части без письменного разрешения автора запрещается.

НАПЕЧАТАНО В США
PRINTED IN THE UNITED STATES OF AMERICA

ISBN: 978-1-940145-42-6 (paperback)

Все реки текут в море, но море не переполняется: к тому месту, откуда реки текут, они возвращаются, чтобы опять течь.

—Экклизиаст 1:7

Река, текущая среди песков..... так переводится с угро-финского Чагодоща, река, на берегах которой сейчас находят курганы захоронений угро-финнов тысячелетней давности.

...Потом тысячи лет природа радовалась, бушевала в девственных лесах, наслаждаясь чистотой родников, разбрасывая щедро дары в виде ягод и грибов.

Но настало время по случайному выбору ступить ноге «цивилизации» в эти девственные леса. Рубили, тесали, строили дома, строили завод для выработки стекла, так как места эти имели чистый песок, пригодный для стекло производства. Пришла цивилизация примитивная, потребительская, беспощадная к природе, живущая по принципу «милости от природы не ждём, сами берём» Чистейшую реку на километры загрязнили чёрной смолистой жидкостью, отходы переработки торфа на газостанции завода. Леса вырубили, организовав леспромхоз. Песок золотистый выбрали...

Но мы дети, ничего этого не зная, росли, развивались, дружили с природой, купались в реке, собирали ягоды и грибы. Бегали по золотистому, жёлтому песку, формируя красивые стройные фигуры, светлокожие северные дети, светловолосые наши головы не тужили...

Песок и сосны – это моё детство. Сосны высокие, корабельные стояли среди деревянных домов, почти не давая тени. Их кроны я замечала только когда смотрела в окно нашей квартиры. Между их ветвями просматривался завод, красивое, стеклянное здание, как корабль с палубами - этажами в ярких огнях вечерних смен.

Молодая женщина спешит к дому, где в яслях её младшая дочь. Уже из далека слышит плач, это плачет Лина. Только она так рыдает, раскатывая букву Р… Да, конечно, опять техничка Кекконен вытащила её из турникета на холодный пол рядом с форточкой, потому что, начавшая рано ходить Лина брала игрушки, которые ей нравились, у детей, большинство из которых сидели или ползали в 8-9 месячном возрасте. Среди «сидунов» был её сын. Кекконен звали в посёлке «Линия Моренгейма», за высокий рост и длинное серое лицо. Линия Моренгейма была рада, когда на другой день Лину в Ясли не принесли… Болезнь начавшись, измучила и её и мать, 5 месяцев проведших в больнице, излечившись от всех детских инфекций, приобрела авитаминоз Д и статус «рахит». Такой её увидел военный доктор, посланный Богом, для спасения несчастной девочки и измученной матери. Открывали эвакуационный госпиталь в школе и этот доктор инспектировал больницу, помогая единственному врачу и двум акушеркам. Он быстро поста вил последний диагноз, сказав «хорошенькая девочка, ей нужно солнце и молоко, лучше с мёдом». 1942 год… Мед и молоко… война и похоронки… На работе Пейша, так звали её маму дома, Паня – люди, расплакалась, когда её окружили воспитатели, рассказывая как мучительно было пребывание в больнице, как слаба Лина и о совете доктора. Техничка Фотя, плакала не меньше, сочувствуя Пане. На другой день Фотя пришла в её кабинет склад и решительно заявила, давай Лину мне, я свезу её к матери у неё корова и пчёлы, а мы с тобой свезем ей пару простынёй, у неё все износились и в прошлый мой приезд она просила об этом. Был найден спаситель спасение, в виде деревенской бабушки и её ещё не съеденной бурёнки. Через много лет эта бабушка рассказывала:«привезли что-то в одьялке. Положили на кровать, развернули и я ужаснулась. Лежала худющая, бледная, без волос, с большим животом и тонкими руками кукла, безмолвно смотрела, не плакала, не произносила ни звука. Мы с дочкой по средине избы подвесили большую люльку - качалку и положили туда эту несчастную. Я плакала. Девочка почти постоянно спала, как новорожденные, хотя ей было около полутора лет. Когда плакала, звука не было, только сморщивалось худое личико». Молоко и мёд сделали своё дело, а в солнечную погоду, выносили её в корзине на улицу,где сторожем была собака Шарик, старательно отгонявший кур чужих собак. Когда Паня и Фотя приехали через 3 месяца, Лина бежала на встречу здоровая и крепкая. Линия Маренгейма проиграла свою финскую войну. Но до победы в настоящей войне было ещё далеко. Раскаты её были близко,а голод уже был в каждом доме и в детсаду тоже…Паня ездидла по окрестным деревням в поисках овощей, мяса. Молокопоставки были обязательными и часть молока давали дедсаду. Но всё уменьшалось в количестве. Лину,как пережившую такую «блокаду» больницей сберегая, чаще отвозили к другой, родной бабушке У неё не было мёда, но было молоко. Тетя Лины 15 летняя девочка Анна и дядя12-летний Саша ходили в школу за 5 километров, летом работали в поле вместе с взрослыми и по очереди няньчили её. На их трудодни заработанные в колхозе почти ни чего не давали. Часто не хватало даже хлеба. Бабушка ночью ходила на картофельное поле и собирала там оставшуюся после уборки урожая, подмёрзшую уже картошку. Собирать остатки урожая советское правительство, сытно кушая, запрещало под страхом расстрела. Но матерям надо было кормить детей и они подбирали мороженый картофель,рискуя жизнью. Потом бабушка намешивала на мякине тесто и пекла оладьи и видя,как жадно едят это дети, плакала. И только маленькая Лина спрашивала « почему ты плаешь?», остальные все понимали. Война проявляла свою сущность не только в том, что смела продукты и товары из магазина, снижала дневной паёк работаюших и детей в детсаду, но она выбрала из посёлка всех мужчин,заставив мам работать, отдавая детей в ясли и сады и дети почти не видели своих матерей. Гремела раскатами бомбардировок совсем рядом в нескольких километрах под Тихвином, где были уже немецкие войска. Часто самолёты бомбили железную дорогу и станцию. Дорогу построили в начале войны, чтобы соединить Северную и Октябрскую железнодорожные линии и это, безусловно, помогло остановить немецкие войска и спасло жизнь жителей Чагоды. Немецкие самолёты залетали и над поселком, разбомбили несколько домов и часть завода. Когда приближался звук летящих самолётов, местное радио сообщало воздушную тревогу, детей детсада быстро «спускали»,по доске в подвал рядом стоящего склада, детям это нравилось кататься по доске, как на горке. Однажды Лина вышла во двор детсада одна, мама чтото делала на улице и разрешила ей погулять. Почемуто почти не слышно прилетел самолёт, мама кудато отлучилась. Лина крутилась на маленьком турничке,когда увидела самолёт, который летел так низко, что она видела лётчика. От неожиданности Лина упала на землю и было немного больно в спине. Самолёт улетел, вскоре раздались звуки взрывов, он бомбил посёлок. Фашист не увидел маленького человека или пожалел бомб. Но погибли люди в посёлке. С тех пор и Лина боялась гулять одна во дворе детсада. В «группе»- комнате для игр, сна и столовой висели плакаты. На одном был дядя, которого Лина принимала за папу. Воспитательница пыталась переубедить её, но желание видеть в нём папу не оставляло. И когда через много лет папа вернулся, он был не похож ни на этого дядю, защищавщего детей, и не на того папу, фотография которого висела на стенке у них дома, это огорчало Лину и в семилетнем возрасте она, оставаясь с папой наедине, плакала и убегала. Так война разлучала не только физически, но и духовно, близких людей.Другой плакат пугал Лину, там очень сердитая тётя показывала пальцем на Лину. Что тётя хотела от неё было не понятно и Лина старалась на неё не смотреть. Взрослые вокруг тоже молчаливыми и серьёзными, но не такие сердитые. И даже тётя Муся повариха детсада, которую Лина любила больше всех, стала молчаливой и часто плакала, её муж погиб на фронте . А раньше она смеясь всегда говорила Лине, давай помою твои глазки,они такие чёрные. Маму свою Лина не видела почти. Она была всегда занята, даже вечером, когда оставалась с круглосуточниками с ними была воспитательница Мария Ивановна. Белокурая девушка улыбалась чаще, у неё не было мужа и кого либо на фронте. После войны она вышла замуж за Королькова, главного инженера завода.

Утром детей становилось больше, после зарядки Мария Ивановна про водила игры или читала сказки детям. К полднику готовились все тасчили маленькие стульчики, которые расставляли рядом с маленькими столами, мыли руки и усаживались за столы. Сидели молча, широко раскрыв рты, потому что Мария Ивановна всегда обносила ложкой лекарства иногда вкусные, сладкие, иногда горькие или противные. После этого другая работа - таскали в группу из кладовки раскладушки, деревянные лёгкие. Одьяла и падушки раскладывали взрослые. Наступал «тихий час», трудное время для некоторых. Надо было лежать не подвижно и с закрытыми глазами, а сон иногда совсем не приходил. Да ещё Борька Кеслер всегда лежал рядом в кроватке и корчил смешные рожицы. Мария Ивановна ходила между рядами и заставляла закрыть глаза. Иногда помогала при этом своими мягкими, вкусно пахнувшими пудрой пальчиками. Такая пудра стояла у мамы на тумбочке у зеркала в их квартире, но там семья появлялась раз в неделю для помывки. Борька всегда притворялся спящим и ему Мария Ивановна не делала замечаний. Оставшиеся часы чаще всего проводили на улице летом и в группе зимой в играх. И то что была война осознавали через серьёзность взрослых, их не редкие слёзы, раскаты грома тяжёлых орудий, шуму самолёта, торопливому скатыванию в подвал и чувству голода. Потом гром смолк, однажды Лину повезли вместе с Римкой Чмутовым к раненым, где они должны были петь. Лина хорошо запоминала стихи и песни. В репертуаре была любимой «Раскинулось море широко». Когда она начала петь, в центре большой палаты, раненые начали вытирать слёзы. Видя это она, спев пару куплетов, отказалась петь. Смысла трогательной песни она не понимала и почему дяди плакали тоже. Вероятно малый рост, тонкий голос вызывал жалость у раненых, видевших в ней своих оставленных, может погибщих, детей. Потому что самых трагических слов «напрасно старушка ждёт сына домой» не прозвучало. С тех пор Лина к раненым не ездила и проявляла талант в группе сада. На новогодних праздниках неизменно её выводили в центр зала и дети хлопали в ладоши и кричали «Лина спляши». Движения танцовщицы были весьма простыми – приседания и кружение с поднятыми руками, но почему то все были рады, верно потому что по возрасу и росту, она была меньше всех, а поэтому способности такой танцовщицы оценивали не придирчиво. К празднику « Новый год» готовились все. Дети и взрослые делали игрушки. Мама Лины делала красивого деда Мороза, снегурочку, зайцев и медведей из ваты, покрывала поверхность сладкой водой с блёсками из растолченных в тряпочке старых стеклянных игрушек. Это были самые красивые украшения на елке. Дети лепили из цветных полосок длинные бусы, домики, фонарики, флажки. Елка получалась красивая, на лапки её клали ватку - иммитация снега. На празднике пели песню «В лесу родилась елочка», где слова «мороз снежком укутывал», сопровождались тем, что, пришедший на праздник Мороз бросал ватку на лапки ёлки. Мешок с подарками дед Мороз не раскрывая, подарков у него не было в это трудное время. Но за праздничным столом детям давали маленькие карамельки и говорили, что это от деда Мороза и все были рады от доброты деда. Время было не только сложным, но молчаливоугрюмым. Но в какой то момент немного всё изменилось, повеселели воспитатели и нанечки. Мама Лины, даже однажды разрешила ей придти в кабинетсклад и сказала, что теперь выживём. По лендлизу Америка доставила много продуктов - муку, сухое молоко и яичный порошок, сахар и шоколад. От всего этого досталось и дедсаду. На очередной праздник девочек одели в американские красивые платья и цветные колготки. Помощь желанна всеми. Люди и дети повеселели. Да и грохот орудий уже не раздавался, немец был отброшен от этих мест. Болота, железная дорога, построенная во время войны, помогли солдатам защитить детей от неминуемой гибели. Жизнь медленно возвращалась в посёлок. Дети росли. Старшая сестра Лины уже пошла в первый класс и вся семья жила уже в своей квартире, ожидая победы и возвращения папы домой. Наконец Победа! Люди на улице радовались, кое где раненые папы, вернувшись инвалидами, играли на гармошке, пели, стреляли из охотничьих ружей. Мама Лины плакала и смеялась. Лина не очень понимала смысл победы. но радовалась, что все стали весёлыми, улыбались. И в сентябре 1947 началась школа и для Лины, ей было шесть с половиной лет, а вскоре приехал и папа. Началась другая жизнь.

Май, победа, другая жизнь. Лина познакомилась с соседями по дому, с которыми дружной семьёй предстояло прожить почти десять лет. Дом бревенчатый,двухэтажный с широкими окнами переплетёнными форточками, смотрел на Первомайскую улицу широко раскрыв роткрыльцо. От дома вертикально начиналась другая улица, ведущаяв лес и картофельные участки земли, разделённые зелёными полосками травы. Когда выходили из леса с полными корзинками или с картофельного участка, то крыльцо дома было так радостно видеть усталым охотникам и земледельцам. Гудели ноги, слегка кружилась голова от голода, но всё проходило при виде егодома была еда и радостные приветствия мам. Для детей походы за грибам, ягодами были их обязанностью. Те что помлачше бегали в самый ближний молодой лес, выросший на месте срубленных деревьев для строительства посёлка. Через несколько лет там начали строительство больницы, прежняя располагалась не далеко от дома Лины в угловом деревянном здании, там и провела свои болезненные 5 месяцев Лина, где врач Берта Григорьевна и фельдшер София лечили уколами и солёными ваннами, после которых с несчастного тельца ребёнка «сошла кожа» и после которых долго Лина боялась воды. Но Берта Григорьевна жила в соседнем доме и когда Лина или кто либо из семьи болел приходила к ним домой. Она часто долго слушала в « свою трубку» и однажды Лина спросила, что она слышит. Доктор ответила мурлыкание. Потом уже в институте учась, услышала на кафедре терапии о кошачьем мурлыканиипризнак сердечной проблемы. Тогда было интересно всем говорить, что у неё киска в грудке. Но видимо это быбыли возрастные, как говорят доктора, функциональные, проявления. Они вовсе не мешали быстро бегать, ходить по грибы и ягоды в лес, и особенно просто и легко, даже весело было бегать в ближайший лесок, где росли маслята, молодые, крепенькие грибочки из лесочка кормили семью всё лето и оставалось на сушку для зимы. Но для сушки на зиму предпочитали белые грибы, подосиновики и подберёзовики. Их приносили уже дети постарше, которые ходили на знакомые им, особые места, порой очень далеко. Военные дети были послушными и трудолюбивыми, помогали родителям во всём. У кого была корова они кормили, встречали с полей иногда и доили. У кого были братья, сестры няньчили их, бегали в магазин за мелкими покупками, мыли полы. Всего в двухэтажном доме было 17 детей почти одного возраста. И когда заканчивались обязанности по дому дети спешили на улицу. Начинались игры то тихие (учились вязать), то шуные, как 2 знамя, салки, фантики. Удивительно, взрослые никогда не останавливали их, видимо шум детских игр был приятнее безлюдия и молчания войны. Руководила обычно играми Женя Теричева. В семье её было четверо детей, а старшая Надя была молчаливая, болезненная и потому старшей считали Женю. Игры, придумываемые Женей и начинавшиеся по её выбору всегда были интересны и вовлекалась вся детская семья. Мальчики охотно учились вязать, рисовать и тем более участвовали в подвижных, шумных играх. Все подвижные игры происходили в глубоком, жёлтом, чистом песке, на площадке перед домом, тихие учения на длинной скамье около крыльца и рядом стощего круглого большого колодца, покрытого тяжёлой чугунной крышкой. Взрослые иногда проходя мимо подсказывали ученикам Жени как вязать или рисовать. Из чужаков терпели только братьев Помазовых, один из которых был черноволосый, другой огненнорыжий. Они не однажды спорили и даже дрались изза одного игрока в игре «два знамя» - Лины. Она выросла в очень быструю, подвижную и почти всегдаприносила победу команде. Что не делало её зазнайкой, потому что в других играх лидерами были чаще всего Женя и

Фаинка, которые особенно хорошо рисовали и вязали. Да и не принято среди них было хвалиться успехами. Слово «вображуля»было самым обидным в их лекси коне. Но дети никогда не ругались друг с другом. Играли летом целыми днями. Не замечалось, что приходила, ранняя на севере, темнота и родители из форточек звали детей на ужин, после которого с трудом перенося процесс помывки ног, сваливались в постель и в секунду засыпали. Сны были счастливые, с полётами в небо, зелёными лугами и лесами. Пройдя такую школу воспитания, рукоделия и творчества, Лина в школе удивляла особенно новых, молодых учителей, своими способностямипела, рисовала, сочиняла стихи. Но сама не видела в этом ничего особен ного и выдающегося, помня, что другие могли не хуже её, а хвастливость плохое качество. Рядом с этим многодетным домом были два дома одинаковой конструкции, два подезда с двух сторон дома и всего две квартиры. В одном подъезде, выходившим на песчаную площадь, окружённую пятью домами,жила семья Бойцовых. Дети были младше тех, что в доме №5 и потому не принимали участия в играх. Саша и Галя иногда выходили на крыльцо и смотрели на играющих детей. Их же отец, неприветливый человек всегда выходил с овчаркой и дети боялись его. Он был надсмотрщиком над военнопеленными немцами, которые жили в бараках за колючей изгородью, там где потом оборудовали футбольное поле. Пленные строили здание клуба. Иногда они шли строем по улице и их всегда сопровождал Бойцов с овчаркой. Были они жалкие, бледнолицые, надсмотрщик кричал на них. У населения был и страх и боль и, тем не менее какая то жалость. Никто не смел дать им кусок хлеба, но русский характер побуждал жалость к людям, особенно в их бедственном положении. Отношение к пленным проявлялось в том, что все не любили Бойцова. Не любили за его окрики, неприветливый взгляд из полобья и то, что в такое трудное время он, не инженер, ни другой высокопоставленный работник имел отдельную квартиру. Какое то время жила там в маленькой клетушке Лена Бутовская (её муж родственник мамы Лины), но потом ушла в большую комнату в доме №5. В детский сад однажды привели двух пленных и они, чтото делали в пустой группе вечером. Однажды Лина заглянула в группу и увидела их. Они поманили её пальцем и она вошла. Дяди показали большую картину на стене, ко торую они рисовали и на своём языке говорили бер или бэр... Они гладили девочку по волосам и были очень приветливы, совсем не такие страшные, какими должны были быть немцы. Пришла мама Лины и не ругала её, а дядям дала хлеба. Они были очень рады. Картина копия с Шишкина «три медведя» висела долго. Может и сейчас висит. Там есть и мазок, который Лине разрешили сделать немецкие дяди. Когда пленных куда то увезли, сняли колючую Проволоку с забора окружающего их бараки, которые тоже сломали и открыли построенный пленными клуб. В поселке это кирпичное здание стало любимым местом жителей. Не только из любопытства шли туда они, увидеть новостройку, а ещё и потому что было оно красивым и особенно внутри. Большой холл в котором проводились танцевальные вечера блестел множеством зеркал, красивыми плющевыми креслами и тяжелыми занавесами на дверях, ведуших в большой зрительный зал. В этом зале часто проходили концерты приезжих артистов, и особенно любимых жителями местных артистов. Соседка Лины Зина Богданова обладала сильным, красивейшим меццосопрано и её на концертах по многу раз вызвали на бис. Лина позднее понимала, что такой голос был редкостью, и даже Алла Соленкова не могла сравниться по красоте с голосом Зины Богдановой. На учёбу в консерваторию почему то её не отпустила мать, по старой российской традиции она не любила артистов. Зина закончила торговый техникум вместе с сестрой Лины и вышла замуж за не молодого человека Кабина, родила 3 детей. Таких талантов много растворялось в России, становились известными не столько талантливые, сколько пронырливые. Но пока дети дома №5 совсем не реагировали на талант Зинки и в играх была она как все равная. Одним из любимейших занятий были походы к реке. Идти надо было около километра,обычно шли на одно место, на другом берегу реки, по мосту. Там стояли дома дачного посёлка и напротив электростанция. Место было проверенное, без холодных подводных ключей и опасных карманов. Чуть дальше этого места уже было опасно, там утонула родственница Лины. Красивая девушка Зоя. Она вытащенная из воды, лежала бледная, с длиной развитой рядом русой косой. Лина плакала и с тех только пор поняла,что река коварная. Текущая среди песков, спокойная не торопливая, но опасная. Не мало людей утонули в этой не широкой реке. Утонул, затащенный ею в карман, ещё один родственник Лины, совсем мальчик Артур, любимый внук бабушки Зои Шабановой «её помошник и правая рука». Но пока этого не зная, ватагой вбегали в реку, разбрызгивая её тёмную поверхность. Берега чуть дальше поселка были более высокими и покрыты большими лиственными деревьями, делавшими своей тенью воду реки почти чёрной. На противоположном берегу напротив было светло и вода поблёскивала серебром. стояли сосны, и поодаль за ними кладбище, не приятное, страшащее место. Но купание было столь приятным, веселились, учились плавать, брызгались в чистой воде реки, текущей среди песков. Уже в зрелом возрасте, когда воспоминания иногда встают в такой отчётливой картине, вспоминалась эта чистая, спокойно, текущая вода и радость игр на ней. Однажды с мамой и папой в походе за редкой ягодой «морожкой», были на том месте, где Чагодоща впадала в Мологу. Красивая раздольная долина, покрытая местами кустарником и две широкие руки рек. Эта картина тоже часто вставала перед глазами в воспоминаниях и радовала своей вдохновенной мощью и раздольем, вызывая слёзы счастья свидетеля творению Бога. Лине также часто вспоминалась другая река. Тоже текущая среди желтых песков и среди густого леса, над водой висели длинные ветки плакучих ив, но дорога бегущая из бабушкиной деревни сначала среди полей, немного по лесу, заканчивалась песчаной горкой, круто сбрасывалась к реке и дети почти кувырком слетали в воду, там дорога как бы продолжалась песчаным наносом в реке, делая место для купания не глубоким и чистым. Но эта забава была только тогда когда Лина приезжала к бабушке. Вспоминалась эта река, называемая Кабожей потому, что с ней связана доброта бабушки и её ласковые причитания по утрам «Встаёшь, милая дочка, вот тебе хлебец со сметанкой». Таких причитаний от, всегда занятой и озабоченной, мамы Лина не слышала.

Бабушка часто брала Лину к реке, где она красиво плавала, а Лина плескалась у берега или сидела на тряпочке на берегу и слушала звонкие песни птиц. Таких звуков она в посёлке никогда не слышала. Даже в деревне птицы писчали не так шумно и звонко, как здесь у реки. В одном месте река Кобожа становится очень узким, но глубоким ручьём. И там ширину её вполне перекрывали два дерева, перкинутые с берега на берег. Лина запомнила их хорошо. Так как однажды когда было ей 9 лет пришлось мгного раз пробежать по этим мосткам. Маме было некогда везти Лину к бабушке и Лина попросилась самостоятельно доехать до бабушки. Мама купила ей билет до станции Горны, где работала тетя Лины. Приехав к тёте. Лина застала её саящей после ночной смены. ТетяТаня, почти не повернувшись, сказала иди сама по дороге,там свернёшь после вышке на тропинку и будет Зубарёво. Ни вышки, ни тропинки Лина не видела. На какой она дороге гуляла весь день, Бог знает. Только реку Кобожу перешла 3 раза и побывала в 3 деревнях, но с другим названием. Россия беззаботная, ни один человек в деревне не удивился и не направил ребёнка на правильный путь. Темнело, когда снова, идя по уже знакомой дорожке Лина, услышала пение вечерних петухов и не по тропинке, а прямо по лесу, вышла к полю и за ним стояли избы. Не сразу узнала, что это знакомые избы. Когда шла по деревне женщины выходили из домов и, зажав рот руками, качали головой в знак удивления. Бабушка, увидев Лину, ахнула и бросилась обнимать. Потом от неё досталось Тане и маме Лины. Когда Лина рассказала в каких деревнях побывала тетя Аня посчитала, что пробежала Лина почти 9 километров. Но Лина не испытывала ни какого страха по своему неведению и даже любовалась речкой и красивыми лесами.

Позднее,а может в тот же год выдалось счастье ещё погулять в одиночестве по этим красивым местам, Бабушка разрешила сходить одной к двоюродной бабушке Тане в деревню Русино. Красота, теплые запахи спелой пшеницы, синее небо и маленькой девочке были понятны, она бежала по дорожке и громко пела от радости. У бабушки Тани дом был большой и даже двалетний и зимний и в деревне этой были дома больше. Позднее прочитав, что в устюженской деревне с таким названием жил Аракчеев, хороший хозяин, новатор подумала: «может быть потому в деревне бабушки Тани были.такие дома и заметный порядок во всём, потому что там жил граф Аракчеев?». 1953 год. В семье Лины наконец наступил покой. Судороги ки у маленького брата, неожиданно начавшись, так же неожиданно в 5летнем возрасте закончились. Папа купил красивый большой радиоприёмник и теперь звучала музыка и слушали новости и разные радиопередачи. Ещё недавно нельзя было, так как от громкого звука начинались судороги у ребёнка. Мальчик рос забавным и очень милым. Девушки соседнего общежития любили брать его к себе, где он смешил забавными выдумками. Старшая сестра, закончив восмилетку, уехала в Павловск под Ленинградом на учёбу в техникуме. В первых 4 х классах Лина училась на отлично, но на экзамене написала диктант на единицу,что довело учительницу Лидию Николаевнупочти до обморока. Тогда Лина пошла к подруге мамы тете Шуре, работавшей парикмахершей, и не смотря на её возражения, заставила постричь « наголо» её красивые волосы. Это для того, чтобы не ходить во двор гулять и всё лето учила правила правописания. Больше проблем с учёбой не было и закончила школу «на отлично». После 7 класса с подружкой устроились на работу подсобными рабочими к каменщикамна строительстве больницы. Старый каменщик, с которым Лина работала, спрашивал. кто её заставил работать, такую маленькую. Никто не заставлял и скоро втянувшись. она удивляла его проворностью и выносливость. А осенью в классе физкультуры в строю стояла уже вторая, тогда как в прошлом году предпоследняя. Польза от работы была не только материальная — купили школьную форму на её зарплату, но и физическая, укрепились мышцы и выросла маленькая девочка. Правда было одно огорчение: с ней больше не хотела дружить Шура Грекова, оставшаяся стоять в строю последней. Но вскоре её семья уехали в Среднюю Азию и обида забылась. Осталась загадка, почему она так поступила? Впрочем, загадок в школьные годы было много. Не понятно почему в 5 классе её включили в дополнительный класс, сформированный из детей леспромхоза и железнодорожного посёлка. Там была только начальная школа. Сначала не было заметно различий, но вскоре они обнажились. Дети в прежнем классе были такими знакомыми, с ними была 3 года в детсаду, воспитанные правилами детсада. Но дети в новом классе из семей сосланных не лесозаготовки, пьяниц, мало культурных, были жестокими, завистливыми и плохо учились. Лину учителя заставляли «подтягивать» этих ленивых девиц, по волосам которых бродили вши. Даже дочь героя Советского союза Галя Высоцкая, с большими бантами при тощеньких косичках, была среди тех, кто всегда старались сделать что либо плохое друг другу и никогда не вызывала желания с ней подружиться. Добродушнее других была Ала Пелавикова и они читали вместе книги, обменивались ими. Ходили друг другу в гости. но не часто. Ала жила очень далеко. Ближе всех была соседка Фаинка, с которой было интересно, потому что она очень интересно играла в куклы. Мы шили платья для них, строили дома в сарайках или на улице. Но в средних классах Фаинка стала плохо учиться, совсем не интересовалась книгами и дружеские связи ослабли. После 7 класса она поступила в ПТУ, учиться на повара. Пути разошлись. Их с Линой учила читать книги и конспектировать их или рассказывать о них соседка Надежда Сергеевна Блинова, старая учительница на пенсии была и очень хорошей портнихой. Седая, с пышными красиво уложенными волосами она была примером высокой интеллегентности для всех. Девочкам давала лоскутки для кукольных платьев и учила шить. Когда стали они постарше приучала к чтению книг. Фаине это было скучно и на уроки к Надежде Сергееевне она перестала ходить. Лина любила учиться, познавать новое, читать, но школу не любила. Не любила свой класс, не интересны были ей девочки сплетницы, которые с шестого класса начали писать записки мальчикам, играя в влюблённость. Сама она не испытывала ни какой особой симпатии ни к одному из мальчишек. Школа размешалась в трёх бревенчатых зданиях. Серые, скучные, надоевшие за 10 лет, потом никогда не вызвали желания их посетить. Позднее была построено кирпичное здание не далеко от клуба, но там она тоже никогда не была, приезжая в гости к родителям. Особенно отвратительно грязными были в старой школе туалеты. После их посещения по очень редкой необходимости всегда долго поташнивало и казалось, всё вокруг пахнет туалетом. Учителя были преданы своему делу, учили хорошо, но были «так далеки от меньшего народа», недоступные, холодные, они жили своей коллективной жизнью. Когда, будучи студенткой института, Лина встретила Елизавету Петровну Питерцеву на улице и та стала расспрашивать о её жизни, планах, Лина удивилась, что это может интересовать её старую учительницу и посчитала, что это просто проявление этикета. В искренность учителей не верилось.

Последний звонок в школе и потом выпускной бал были так желанны и ожидаемы. К выпускному балу Лина сама сшила платье и ситца в очень бледную, розоватую клеточку, применив знания по шитью, полученные у Надежды Сергеевны. Юбка состояла из 32 клиньев и почти торчала, как балетная пачка. Конечно, сидящим по периметру танцзала мамам всем понравилось и они расспрашивали маму Лины, кто шил платье. Лина выросла в красивую девушку, стройная с пшеничного цвета волосами, красивой розоватоматовой кожей, унаследованной от бабушки, с красивой фигурой. Станцевала лишь один танец, на который её пригласил Юра Корольков, с которым ходили в детский сад. Он был скромный мальчик. И Лине понравилось, что он, не разговаривая, с ней танцевал. После этого танца она ушла домой, было всё не интересно. На другой день, совсем неожиданно, к ней домой пришли два её одноклассника Коля Кульков и Толя Богданов. С ними Лина общалась чаще, чем с другими, так как они очень хорошо знали математику и читали много книг. С ними было интересно. Юноши пришли с подарком – огромным свертком пряников и несколькими цветочками. Никогда раньше мальчишки домой к Лине не приходили. Пришли выразить свою симпатию к ней за то, что она никогда не жеманничала, не писала дурацких записок, но при этом всегда подоброму ко всем относилась. Сама про себя Лина никогда не смогла бы сформулировать свое поведение и свойства. Было неожиданное открытие для неё, что её замечали и вместе с тем, уроком - так следует себя вести всегда, это нравится людям. Больше этих юношей Лина никогда не встречала, но с благодарностью помнила всегда. Позднее, когда младший брат Лины был уже старшеклассником, он и его многочисленные друзья, часто бывавшие в их доме с восхищением смотрели на Лину в её приезды на каникулы. Рассказывали, что в школе помнят её как очень красивую и талантливую, но всерьёз эти похвалы Лина не принимала. Всегда младшие смотрят с белой завистью на старших школьников и выпускников. В школе много лет висела рамка для сменной стенгазеты, выполненная Линой. Это был огромный крокодил, держащий на вилах листок стенгазеты с критикой. И брат, рассказывая об этом, добавлял что всегда гордился тем, что у него такая сестра. В один из приездов студенческой поры, зашла она в аптеку и там Галя Литвинова услышав, разговор Лины с Зинаидой Алексеевной вышла из дальней комнаты и удивлённо смотря на Лину сказала: «Лина это ты? Из гадкого утёнка красивый лебедь, чудеса». Было приятно за лёбедя и не совсем... за утёнка, но и на том спасибо.

В школе было одно место, где нравилось бывать, тихое уютное и содержательное библиотека, но после 7 класса и туда перестала ходить, так как открыла для себя более интересное место – библиотеку в клубе. Зав. библиотекой очень милая и симпатичная женщина...,но главное, там были книги, много зарубежной литературы: Дикенс, Драйзер, Золя, О Генри... Мишель Монтень, заставлявший думать над каждой фразой и даже Ницше,запрещённый до смерти Сталина в 1953 году, почти не понятный, потому притягивающий. Мать уговаривала, чтобы перестала читат, испортишь глаза, сходи на танцы в клубе. Но книги были интереснее. А на танцах надо делать вид, что тебе весело, танцевать с мальчишками, как другие, ожидая приглашения, скучно. Русских писателей изучали по школьной программе и учителя скорее отлучали чем привлекали и заинтересовывали. Только в зрелом возрасте перечитывая много раз по прошествии лет Тургенева, Толстого, Чехова, Белинского поняла всю красоту их слога и замысла, в них сущность Росии. Чаще всего возвращалась к спокойному повествованию аристократа Тургенева и многозначному Чехову. Пушкина открыла себе лишь к 30 годам и не расставалась с томиком избранного никогда и даже за рубежом, где особенно затрагивали душу его искренние, точные, такие близкие, понятные строки, вспоминались родные места и годы прожитые дома в России, которую бранил Пушкин, но любил горячей душой поэта, ранимой и раненой пошлостью и завистью. О, Пушкин: «Она в семье своей родной казалось девою чужой». Через много лет мама утонувшего Артура, которая родилась когда Лине было 20 лет, заметила, что от мамы и папы Лины они слышали только о Мише и Людмилочке, Лину ни когда не вспоминали. Лина не обижалась, и утешительно объясняла себе, потому не помнят, что он не доставила им ни каких забот. В отличие от брата и сестры, которые много огорчали родителей, злоупотребляя алкоголем, оба курили и погибли в раннем относительно возрасте, значительно сократив этим жизнь родителям. Семья Осиповых – Теглевых приехала в посёлок Чагода, тогда нзываемый Белый бычок, в 1936 году. Мать Лины по словам её старшей сестры Полины происходила из дворянской семьи Теглевых, получивших дворянский титул, вероятно, в 18 веке, так как записаны в шестую книгу перечня дворянских фамилий, имевших усадьбу в Данилково, о котором мать не раз рассказывала, что они там проводили праздники. Им также принадлежала деревня Валунь (тоже часто вспоминалась мамой Лины). Там долгое время стояла усадьба сотолбовых дворян Теглевых, расположенная на, так называемом, Тихвинскомраке – канале, прорытом для прохода судов, часть Волго – Балтийского канала, по которому в 1824 году проезжал царь Александр 1. Дед Лины Никита, был назван в честь своего деда тоже Никиты Теглева. Родословная Теглевых уходит корнями в 15 век, в Новгороде жил помещик Евстахий Теглев. (в переводе с татарского тегля означает родовитый, знатный). Они были в родстве с Державиными (от прозвища одного из предковДержава) из которых происходил известный поэт Гаврила Романович Державин. Известно, что дочь Никиты Алексеевича Авдотья Никитична была женой отца поэта Константина Батюшкова Николая, сына от первого брака. Никита Теглев несколько лет был Председателем Боровичского земского суда и умер около 1820 года. Он имел также сына Ивана, имевшего 130 душ крестьян, но был осуждён за грубое обращение с крепостными, вероятно разорился и судьба детей его не известна. Можно предположить, что он был многодетным и детей, как принято было в России, взяли к себе другие люди. Так по словам матери Лины их отец воспитывался в семье раввина и няньчил его детей, один из которых был прозван Ермолой и жил в одном селе с Никитой уже взрослым. Село называлось по его имени Ермолино. Это, видимо, уже был конец 18 века. Дед Никита родился между 1860 и 1880 годами. Его жена Мария Романовна, происхлдила из семьи Гривенса Абрама Ильча, знакомого с раввином, воспитывавшим Никиту Теглева и выдана замуж за Никиту. Гривенс имел усадьбу в Грязовце деревня Юрьево, жена его дочь Батюшкова. Гривенс умер в нищете в Питербурге. В Вологодской губернии было несколько дворянских семей еврейского происхождения. Кроме Гривенсов упонаются Михель А. Ф в Хвойне,Крафт И. И из Самино, Сиверс Н. Ф из Надеждинского, Рейхель из Дорохово. Браш Н. В из Избойщ и другие. СемьяНикиты и Марии Романовны, дед и бабушка Лины, тоже жилив Питербурге, но потом, по какойто при чине, уехали в деревню Ермолино причисленной к Лукинскому погосту в котором прадед Адмирала Ушакова постороил храм каменный и установил 2 пушки, стрелявшие в полдень, как в Питере. Сталинские разборки с кулаками коснулась и их семьи, была отобрана земля у Никиты, вскоре, после смерти от скарлатины младшего сына Ивана, и он умер. Дочери к этому времени переехали в Питер и почти все погибли в блокаду Ленингрвда. Мать Лины, вышла замуж в 1936 году и поехала за мужем на строительство завода в Чагоду. В 1937 году родилась дочь Людмила, в 1940 году Лина после войны в 1948 году сын Михаил. Кстати говоря, в Чагодощенском (теперь) районе до революции проживало 27 дворянских семей. Географические границы менялись, но он оставался самым маленьким районом и уездом.

Со стороны Осиповых (отец Лины), сведения не очень богатые. Мать отца Мария Ивановна родилась в 1982 году в богатой семье Калаузовых. Когда её было 6 лет, а брату Петру 8, родители погибли в какойто катострофе и опекунство, вместе с имуществом, взял брат отца, в последствии отобрав всё. Но во время революции потерял всё и убит мстящими крестьянами. Калаузовы происходили из деревни Калауз Новгородской губернии. Калауз в переводе с угрофинского рыба, Рыбаков. Пётр, брат бабушки Лины имел 3 детей Татьяна, Тамара и Владимир, который погиб в возрасте 18 лет в войне 1940 году и внесен в памятную книгу Вологодскоц области. Муж Марии Ивановны Даниил Максимович Осипов в 1914 году учавствовал в войне. Его отец Максим из разорившихся дворян Устюженского уезда во время революции жил в селе Мишино Избойщинского уезда Вологодской губернии, был дьяконом в Мишинской (село) часовни, принадлежащей к храму Воскресенья при Избойщинском погосте. По словам сестры отца Лины Анны Даниловны дед Максим совершил поломнический ход в Иерусалим к храму Христа. Через много лет и Лине довелось побывать в Иерусалиме и в этом храме, хранителем ключа от которого 2 тысячи лет является мусульманин, может быть как знак от Бога о том, что он один для всех Но,… продолжая о деде Максиме, тогда он привёз немало икон и книг, которые в дикие времена разгула революционеров «изъяли» и у него на глазах сожгли,…. чтобы особенно было больно это приносило несказанную радость революционерам, они, как говорила бабушка Лины были исключительно местные воры, бездельники и пьяницы. Дед получил хорошее образование, сочинял музыку и писал иконы У деда Максима и его жены были 4 сына и дочь Татьяна. Сын Андрей был участником штурма Зимнего дворца, его фамилия на доске участников революции в музее революции в дворце Ксешинской в С. Петербурге. Но всю жизнь тайно сожалел об этом (говорил об этом Лине), так как видел в этом дикое проявление вандализма. жестокости, когда освободители ломали мебель, грабили, мочились и ругались. Работал прорабом в Калининском районе Ленинграда, как он говорил «каждый дом в районе построен с его участием». Учась в мединституте, не далеко от дома, где жил дед Андрей, Лина много раз бывала у него в гостях. Было приятно видеть какой порядочный и культурный был дед Андрей. Говорил не громко и всегда с улыбкой кротости. Об этой кротости и большом гостеприимстве Даниила, второго сына Максима, также рассказывала Анна Даниловна. Так же о его порядочности и доброте упоминала и мама Лины. В 1938 году его арестовали и посадили в Череповецкую тюрьму. за то, что где-то в присутствии «друга» Моневича сказал, что с немцем будет война. Донос был своевременным, Сталин приказал бороться с паникёрами. Через год в тюрьме он умер. Третий сын Максима Иван ушёл с белогвардейцами и воевал где-то в Сибири. Почему он был в Сибири, не понятно, но известно, что фамилия Осиповых из Вологодской волости значится среди тех, кто активно торговал в Сибири (Иван Осипов сын Нератов торговал шелками и другими изделиями в Иркутской волости), построенные в Тотьме суда использовали для многих экспедиций вСибирь. Тотемский купец Фёдор Холодов 1772 году на корабле построенном с их участием дошли до Аляски, а вологодские братья Кузнецовы основали русское поселение на Аляске и в Калифорнии. Связи с Сибирью у вологодских были давние и крепкие.

В Вологодской губернии жили дворяне Осиповы и позднее появились (может из их рода) купцы, торговавшие широко по всей земле. Возможно Ивану Максимовичу Осипову были известны какие либо связи с Сибирью и он уехал туда, в период революции был на стороне белых (по словам Анны Даниловны). Четвёртый Максима Василий погиб в Отечественной войне в 1941году. Жена Дария жила в Чагоде, куда они приехали к брату Василия Андрею, строившему посёлок Чагода. У Василия и Даши трое детей. Нина с детьми живёт в Чагоде, Зоя утонула в коварной реке Чагода. Сергей 60х годах уехал в Таллин и с родными почти не общался. О родителях Максима известно только что он происхождения дворянского, обедневших после отмены крепостного права. В Вологодской губернии жил Осипов Яков Леонтьевич в Вяльском уезде. Вологодские Осиповы берут начало от пасадника Есипа Васильева, жившего в Новгороде с сынами Василием (тысячником), и пасадниками Дмитрием и Богданом. Нынешний Чагодощенский район новгородцы называли железным полем. Там они добывали болотную руду для ведения войн и в последствии активно заселявшие эти края. Максим имел в Питере квартиру и хутор не далеко от деревни Мишино. В период коллективизации хутор приказали оставить и организовали колхоз, председателем которого и поставили сына Максима Даниила. Андрей жил в Питере. Василий из Питера уехал в Чагоду, Иван - в Сибирь. Дед Максим после революционного грабежа вскоре умер и наступили тёмные времена.

ОСИПОВЫ	+	КАЛАУЗОВЫ	ТЕГЛЕВЫ	+	ГРИВЕНС
(дворяне)		(?)	(дворяне)	+	(дворяне)
МАКСИМ		ИВАН	НИКИТА		РОМАН
Андрей		Мария	Никита		Мария
ПЁТР- отец		Лины			Паня- мать Лины

В семье Осиповых - Теглевых отношения были мирными. Не было громких скандалов, даже громких слов. Отец говорил мало, почти всегда был занят по дому или читал книги. Был человек честный (в то время как многие приносили с завода инструменты, он чаще носил в завод при необходимости и никогда уже не возвращались они в его дом). Соседи и знакомые относились с уважением к нему и часто приходили за советом. В период войны служил под Архальском в артиллерии, охраняя Американские суда с продовольствием, затем в Карелии почти до конца 1947 года. Внешне был похож на - Романовых царей, больше на царевича Константина. Высокий русоволосый с яркосиними глазами. Жена – напротив маленького роста. тёмноволосая, кареглазая, проворная. Многое успевала делать дети, работа и хобби – любимое вязание скатертей, покрывал. Для детей шила всю одежду. Почти никогда не увидишь её отдыхающей. В те времена приготовление пищи занимало много времени, почти до 70х годов готовили все на плитах с дровяным отоплением, это требовало больше времени. С появлением газа, всё упростилось и женщины стали чаще использовать разные рецепты, активно обмеваясь кулинарными новинками и опытом. Но в семье не было и теплоты, внешнего проявления любви. Каждый был занят своим делом. И если требовалось помощь детей по хозяйству, не просили, а обычно говорили «сделай». Ни успехи. ни проблемы в школе у Лины не интересовали родителей и она не делилась с ними, видя их безучастность и озабоченность проблемами питания, работы и хозяйства. В 7 классе услышав на родительском собрании, изредка посещаемом мамой, что Лину назвали, золотая голова, были скорее удивлены, чем обрадованы. (Кстати, Гену Мишина, одноклассника и однокашника по детсаду, назвали также золотой головой, но добавили, что только по цвету рыжих волос. Но поведение его было из рук вон плохим»». Хотя Лина плохих поступков его не знала и общалась с ним как со всеми мальчишками по-дружески). Люди в поселке и как и в семье Лины были не щедрыми на эмоции и строги в поведении своём. «Пуританство». северная нетеплота в то время не замечалось, только с годами, побывав несколько раз в южных районах Союза, увидев более приветливых, ласковых южан, поняла, что не хватало тепла в доме. Но дом для всех родное место и приезжала Лина туда на каникулы или в отпуск с большой радостью. Хотелось быть в доме родителей, где по случаю её приезда и отъезда мама пекла вкусные ватрушки с творогом, ягодами, картошкой. И всегда варила любимые серые щи с мясом. Клюквенный квас и какао, всего этого так не хватало в студенческие не щедрые годы, а в замужестве готовила свекровь, только то, что она хотела и совсем не то, что было в доме мамы. Свекровь Вера Герасимовна обычно разогревала то, что привозила с работы, еду приготовленную в ближайшем от работы ресторане. Сделанное на широкое потребление (ширпотреб), оно было не вкусным и приходилось молча привыкать. Потом некоторое время питалась с другой свекровью Надеждой Александровной, супы которой, повидимому, варились несколько суток и вообще всё было переваренное, потерявшее всякий вкус. Мамины супы с приправкамитравками, кашки и пироги были самыми вкусными.

Да не только еда были приятны в родном доме, уют, чистота, кружево накрахмаленое, тишина и покой. Этот уют стал потом особенно дорог, когда не стало мамы и не к кому было презжать, все умерли. И с горечью разлуки Лина писала:

Вышивки с названьем «Решелье»

Белым облаком на окне. И…

Картины, вышитые гладью на стене.

В хризантемах «крестиком» исполненная скатерть на столе.

У кровати кружево над лампочкой.

Это дом моей любимой мамочки.

Не приехать больше к ней,

Не сказать, что она всех родней и нужней.

Нет и следов от детства.

От печали, тоски не избавиться.

Возвращаются снова и снова

Пустоты и сиротства оковы.

Как же счастливы дочери те,

Что свой век проживают в её теплоте.

Кто её каждый день обнимает

И сиротства, как я, не знает.

Берегите своих матерей.

Нет любви её в мире теплей и нужней.

А пока были все живы и в свои приезды к родным Лине нехотелось выходить из дома и часами могла сидеть у окна, выходящего в парк у клуба, редкие сосны, кустарник, футбольное поле, множество воробьв, все было из детства. И молчаливое присутствие отца, постоянная возня мамы на кухне или её вязание с крючком на диване... все молча понимали, что это счастье. Почти ежедневно приходил кто-либо из родных и друзей. Сидели недолго и всегда подавался чай с конфетами, печением или пирогами. Приятно было слышать их слегка растянутые с вологодским упором на «о» речи, словно песни из детства. Вот забежала Валечка, мамина двоюродная племянница, светлолицая сероглазая... спросить как дела у Лины, всегда спешащая домой. Вот подружки мамы их три неразлучных и приходят вместе с конфетами и печеньем, угощаются питерскими баранками, колбасой и сыром, привезенных для таких случаев Линой. Сидят дольше, смеются, рассказывают, что видели по телевизору, когда говорит Лина, почтительно слушают. Вот тетя Зина, соседка с верхнего этажа, давняя мамина подруга. Заглянула на минутку, осталась на часок, с большим участием расспрашивает и слушает о работе и учебе Лины… Зоя Шабанова, родственница мамы важной походкой не торопясь входит в дверь, улыбка широкая, белозубая, когдато имела толстенную русую косу, но теперь заворачивает волосы на затылке. Всегда ласково называет имена, речь течет плавно и красиво. Русская красота. И приходит другая родственница тоже синеглазая и тоже степенная, не обделённая красоты Зина Циганкова жена двоюродного племянника мамы, с его матерьюу них были очень тесные и любящие отношения. Лина не помнила другого на земле человека более доброго и радушного, чем её свекровь. Была она очень болезненной с детства (порок сердца), но физический порок не сделал её сердце порочным духовно. Всегда ласковая, улыбающаяся, хотя жизнь её была не лёгкой. Её сын Сергей в период службы в Армии получил тяжёлую травму головы и страдая депрессией с приступами агрессии. В периоды благополучия был замечательный человек. Добрый, очень способный умелец. Имел двоих детей. Его чернобровая красавица дочь Надя ещё в школе беспокоила многих юношей свое красотой, но отличалась строгостью поведения. Неожиданно для всех умерла мать Сергея, вечером сходила в поселковую баню, попила чаю с соседкой, легла спать в 11 часов, а пришедшая с работы в полночь дочь нашла её уже мёртвой в постели с почти улыбкой на лице. Так умирают праведники.

Во всех рядом стоящих домах на улице Кирова не было столь оживлённого места как лавочки у подьеда дома, где жили родители. Сюда для беседы в летние не дождливые дни приходили со своими «табуреточками» соседи из второго подъезда, даже из других домов. И особенно много было присутствующих, когда приезжали гости к комулибо из соседей. Лина принимала участие в этих посиделках, где узнавала все новости Чагоды, о жизни знакомых и друзей, и потому что видела доброжелательное любопытство соседей и желание общаться. Беседы велись разные. В политических темах участвовали мужчины и соседка пенсионерка из однокомнатной квартиры второго этажа, да Катя Соколова из соседнего подъзда, знавшие всю политическую картину на местном и всесоюзном уровне. Катя Соколова высокая, большегрудая, говорила громко и отчётливо, часто прерываясь на громкий смех и всегда с улыбкой. Обычно стоя она рассказывала о своих пятерых детях: кто в каком институте учится, какие экзамены сданы, какие предметы будут изучать в следующем году. Поражала способность её памяти держать все и рассказывать, будто она читала с какогото списка. Часто рядом с неё стояла её мать, маленькая, сухонькая старушка, молча кивала головой в знак одобрения речей дочери. Прожила она около 100 лет. Не менее колоритны мать и дочь Мухамедовы. Их звали соседи татарами, толи по принадлежности к этой национальности, толи просто за внешний вид. Круглолицые, черноволосые, полноватые они всегда «лузгали» семечки. Мать слепая грузная старущка рассказывала много раз о пожарах, пережитых ею в деревне, гдето недалеко от Чагоды, и видимо оставивших неизгладимый эмоциональный след, о её муже, погибшем на войне и часто пела песни старинные. Дочь Нина выходила на беседы только со своим мужем, который садился всегда поодаль, рядом с поленницами дров, стоящих рядами около сараек. Для каждой квартиры была своя сарайка и поленница. В доме было паровое отопление, но в холодные северные зимы часто было не достаточно тепла, приходилось топить печки. Муж внимательно прислушивался к беседе и когда что либо заинтересовывало его подходил и вставлял кусочик своей речи. В общем, это был замечательный форум обмена мнениями, но что интересно. о жителях никто никогда плохо не высказывался и не осуждал, как потом я слышала у московских и сочинских подъездов. Иногда выпархивала и на секунду останавливалась для приветствия гостя учительница французского языка Лариса Петровна, рыжие, редкие волосы были активно начёсаны, голубые глаза избегали прямого взгляда, быстрая, вертлявая, она не вызывала у чагодских учеников большой симпатии, но брат Лины Миша любил и знал не плохо французский язык, потому никогда не подсмеивался над ней.

Муж Ларисы Пётр Осипович Афонюшкин длинный, сухопарый, левый глаз, которого был всегда устремлён в небо, правый служил хозяину, был учителем истории и этики. Несколько лет был классным руководителем у Лины. Помнились особенно его уроки по этике, многому научивших детей, родители которых в большинстве приехали из глухих деревень, растерявших всякую культуру после революционного изгнания дворян, помещиков, купцов и кулаков из деревень. Любовь к истории Петра Осиповича также передалась многим ученикам. Лина была в их числе и прочитала ещё в школьные годы Карамзина, Соловьева и других историков. Когда в институте пыталась говорить на исторические темы со студентами, обнаруживалось, что им не довелось иметь таких учителей и отсутствие всякого интереса к истории и даже раздражение, но особенно у тех студенток, которых вообще раздражала красивая Лина и приходилось ей воспитывать спокойное восприятие этого раздражения, даже когда они писали записочки любому, послучаю, сидящему рядом с Линой юноше, в которых обзывали Лину. Юноши показывали записочки её и рвали их. Было жалко этих ревнивых девущек, не отличающихся большой мудростью. Особенно активны и незабываемы были девицы Соня Тотосова и Липская, вероятно просто в силу сварливого характера. Но всё Лина переносила молча. Интересного в жизни было много и приятного больше. Например Саша Параничев в отличии от других также читал много и не плохо знал историю, чем прежде всего и понравился Лине. Он учился в ленинградской школе 210 у преподателей получивших образование и культуру в царское время. Многие жители посёлка и в том числе учителя также приехали из Ленинграда в военное и довоенное время и были носителями культуры в посёлке. Чагодская школа считалась школой высокого уровня, так как большой процент учеников поступал в институты. Один из приездов в Чагоду Лины был не обычным. Будучи студенткой 5 курса института она вместе с двумя другими студентками и преподавателем Мерзоевым приехала на практику по терапии в больницу, в строительстве которой и принимала участие ещё школьницей. Теперь больные звали её Ангелина Петровна. Она вела под патронажем 2 палаты больных и часто на обходе утром больные долго задерживали её, расспрашивая и о своей болезни и вообще о её жизни как хорошую знакомую и хвалили её простое отношение к ним, расположенность к открытому разговору о болезни, беспокоящих их и всегда утешительный «пргноз». Они говорили: «мы Вам верим». И практика приносила много радости. В то время была оперирована родственница матери Лины Груша Шабанова. Операцию делал молодой хирург однофамилец Осипов. Сделал, как обычно, хорошо и бабуля быстро шла на попРавку. Среди посетителей Груши была её невестка Зоя с сыном Сашей и девочкой 3-4 х летдочерью Надей, которой в последствии при тяжелых обстоятельствах Лина общалась часто. Это было время похорон. Сначала отца, потом сестры и брата Лины, умерших в течении 2-х лет и похороненных в Чагоде. Бабушка же Груша была на передовой самоотверженного труда заводчан, активная участница собраний рабочих и критик администрации, за что её никогда не наказывали в те приличные ещё времена. Директор завода, легендарный Людоговский, о котором говорили «женат на заводе», так как был холост и находился на работе и днём и ночью, всегда принародно хвалил бабу Грушу за справедливость (потому, что он сам был очень справедливый и очень строгий). Его громогласного голоса боялись все. Но это было его орудие труда, отлично действующее. На заводе был порядок.

Но пока шла практика время было для радости и в это время, чаше чем при других посещениях Чагоды, Лина ходила в рядом растущий лес, просто на прогулки. Чаще,потому что подружилась с сестрой хирурга Осипова, приехавшей к нему в гости и страстной любиницей природы. Она почти ежедневно звала Лину на прогулки и, посадив Маришку (дочь Лины) в коляску, шли на прогулку по грунтогрунтовым тогда дорогам. Асфальта еще долго не было. Были редкие посадки возле домов из лиственных деревьев. Парк у завода,в насаждении которого принимала участие и Лина, был ещё молодым и низкорослым. Между домами и на улицах был все тот же песок и было трудно ходить, отвыкшим в асфальтированном Ленинграде ногам, ступать по местами глубокому песку. Много раз шли на реку Чагодочу, на песчаный пляж или на прибрежные медовые луга. И потом так часто и в ностальгии вспоминалась картина высоких, пахучих трав, расцвеченых, мелкими. северными, луговыми цветочками, наплывала в воспоминаниях музыка трелей жаворонков, покой вод реки, текущеё среди песков.

Жаворонков больше никогда Лина не слышала. Где их было услышать ей? Города или дачи при них почемуто не любили жить жаворонки. Лина издала небольшую книгу стихов и в ней были стихи, посвящённые этим маленьким певцам, вот они:

Посвящали все ему песни и сказанья

И теперь пришел черёд моего признанья.

«Ты магнитной силой пенья уплотняешь тишину.

Звоном трелей бесконечных прославляешь ты весну».

Я впервые услыхала дивных звуков переплёт, Когда девочкой бежала к маме в дальний огород.

Замерла под этим звуком, будто мир открылся мне.

До сих пор я часто слышу трели чудные во сне.

Там и лес, поляны, ветер, всё утихло, не дыша,

Слыша жаворонка песню, что звонка и хороша.

В жаркой выси, в синем счастье малой точкою висит,

И о том, что жизнь прекрасна, сладкой трелью говорит.

Этот миг из детских лет озарил мне жизни век,

Осенил, как Бога свет.

Но эти и другие строки написаны Линой уже почти в старости в почтенных «после шестидесяти». А пока была молодость и часть её прошла в Чагоде, красивой русской Швейцарии. Было жаль, что при всей мудрости русского человека его работоспособности, умении, не может он организовать жизнь так, чтобы она была благоустроенной, уютной, красивой. Живя за границе и видя, что люди там совсем уж не такие мудрые и умные, как русские мужики, но всё для удобной жизни сделано. Часто вспоминая Чагоду, всегда жалела, что люди там не видели в жизни красивых, просторных, уютных квартир. Травки на постриженных газонах, просторных, заполненных свежими продуктами магазинов, да много того, что видят люди в других странах в таких же маленьких поселениях и они особенно опрятны в в других странах, в отличие от русских, которые в глубинках как бы даже бравируют неопрятностью, гордясь толстыми животами, хмельными запахами, немытых тел. А не опрятный человек не может и не хочет благоустройства, уюта и может поэтому нет у него желания творить,лень замещает творчество и освобождая ум и руки,давая место лёгкому удовлетворению в алкоголе. Советская власть уравниловкой, дешёвой оценкой труда отбила всякий интерес у русского мужика и толкнула его к пьянству. А уж про Бога, говорившего в Библии, что онБог порядка и опрятности забыли на почти 100 лет. Да и возвращение к Богу сейчас бутафорное. Кто читает о Христе в Библии. русский мужик? Да что вы? Высмеяно всё, разложилось как труп давнишний. Строят церкви, но апостолы говорили, какой храм можете построить для Бога если вся вселенная его храм. Вы живой храм Бога. Познайте (изучите Библию) и в этом любовь к Богу. И пока Он не придет в сердце русского мужика, тот будет не брит и ленив. Но главное эта неопрятность физическая и моральная насквозь пронизывала советских и постсоветских руководителей. Не только дело в том, что рыба гниёт с головы и неопрятность заразительна, она как плесень разела Россию. И в Чагоде небритой, неумытой, неухоженной, долго ещё не будет финской чистоты, удобств жизни… А жаль, что будет это не скоро. И течет Чагодоща по песчаной постели, дожидая перемен и человеческой радости.

В нечастые приезды в Россию в период жизни за рубежом Лина не имела возможности посетить Чагоду, но всегда о ней вспоминала. В один из таких прилетов, пролетая над севером России из Хельсинки в С. Петербург, с надеждой увидеть родные места в окне самолёта почти в слезах написала:

Что я надышалась пространством и временем,

Я поняла лишь тогда, когда на посадку шёл

С Хельсинки лайнер на слитые с детством места.

Я им принесла свою душу в ладонях,

В почтении склоняясь пред ними.

Простите, родные, устала в погоне за

Счастьем не тёплым, в чужбине.

Простите за то, что я вас предала.

Уехав – девчонкою глупой была.

За то, что взрастили не оплатила. Ни разум, ни труд в ваши дни не вложила.

Вашей заботой не дорожила.

Ваши старания чужим отдала.

Чужие края мне как мачеха были.

Они отбирали, ругали и били.

Но вашу любовь оценить научили.

Да была причина для сожалений. Добрый, гостеприимный народ – это достояние тех мест. И много красивых людей. Жаль что оторванные от истинных христианских принципов молодые умеют может быть крестить лбы, что совсем не главное для Бога, а значит для их благополучия, но мирская плесень, отходы этой системы вещей почемуто быстрее оседают в их умах и сердцах. И это пагубно для России, а она возродиться должна сначала в таких маленьких провинциальных местах. Возродить лучшие традиции богоугодной России. Бог не напрасно сделал так, что в России всеобщая грамотность (за рубежом умеет грамотно писать может быть лишь четверть населения, а что есть такая, как например, Румыния10 процентовЛина проводила такой опрос и была поражена результатами). Грамотность русских дана им для познания истины божьей, без фанатизма, без фанабери, а для улучшения качества жизни, без алкоголя, курения, сквернословия, мордобития, воровства и зависти – всего этого требуют законы Бога по Библии. И это возродит Россию и Чагоду, любимую Линой. Так часто думала она в дни своего зарубежья.

Конечно во всем есть исторические причины. И в бедности моего родного края тоже. За одно столетие 3 войны, безумие реваншиста Ильича, мстившего народу, который он и не знал и не любил, корысть троцкоподобных исполнителей власти… все было против народа. И повязка на глаза для отлучения от русской истории и традиций в перемешку с откровенным враньём…. Но у истории нет сослагательного наклонения, а уныние тоже грех..

Я стою на досчатом причале,

Берег белою пеной объят.

И волна на Гудзоне качает

Целый город из лодок и яхт.

Молодые поэты прославят

 Красоту этих мест до небес,

Все реки текут в море...

Ну а мне это просто напомнило

Обгоревший берёзовый лес.

Может годы печалят мой разум,

Видно годы уродуют взгляд.

Нам военным воспитанным адом

 Воспринять трудно радость от яхт.

Ай, да стоит ли жить по -другому,

Всё прожитое – это моё.

Не стыжусь я за жизнь по -иному.

Много радости было дано.

Мы учились, живя и мечтая,

И любили без лишних затрат.

Тяжкий труд за гроши выполняя,

Не имели хором и палат.

Но зато не боялись мы завтра.

Знали – старость не нищий удел.

Скромным был и обед наш и завтрак,

Но гордились величием дел.

Не война б, не «цари-коммунисты»,

Да не злоба б псарей при царях,

Тех, что сделали ловко и быстро

Всех несчастнее царских бродяг..

Не война б, не «цари-коммунисты»

Не печалился б взгляд мой сейчас,

Видя как здесь народ некудышний,

И богаче и счастливей нас.

РЕКА…. в гранитном обрамлении. Река Нева, холодна и быстра… В отрезке жизни Лины как мгновеньем забот и суеты прошла.

Сразу с платформы Московского вокзала, обдавшего духотой, суетой толпы людей, грохотом бегущих трамваев и шумом клаконов машин, постояв в давке в вагоне трамвая номер 3, приехали на набережную Невы в Петропавловскую крепость, где жили бабушка Лины и тётушка Анна Даниловна в доме коменданта царских времён, заселённого после войны теми, квартиры котобыли разбомблены в блокаду, и которым соввласть долго не давала отдельных квартир, предпочитая их давать вновь прибывшим землякам, наводнявшим Ленинград под видом строителей. Сталин был из Грузии, Калинин, Киров, и все прочие никогда не имели предков в Питере, видимо,ненавидели, так называемых, коренных питерцев. Особенно рьяно заполнял этим лимитом Н. Хрущёв.Все быстро менялось. Культура была загнана в угол и выглядывала со страхом от туда перед боевыми, самоуверенными приезжими из ближайших деревень. Однажды тетя Аня пришла домой без пуговиц на пальто. Бабушка спросила её, что случилось. Аня ответила: «в трамвай заходила под натиском». Бабушка удивилась: «Что ты без очереди лезла?» «Мама, какая очередь в 1960 году – это всё в далёком прошлом Ленинграда»- ответила Анна Даниловна. Всё менялось быстро. И… Лина приехала в Ленинград на каникулах после 9 класса. На второй же день пришла соседка бабушки Лариска и повела Лину на пирс. По асфальту, среди каменных домов, толстенных стен крепости, к гранитному причалупирсу. Всё серое, тяжёлое, пугающее размерами и тёмная, холодная, быстрая вода Невы… Ровная линия квадратных домов на противоположном берегу, выравненая подчёркнуто прямой гранитного парапета набережной. Стало одиноко и грустно, ощутилось человеческая хрупкость и незащищённость в этих громадах каменных и гранитных. Вспомнился, уже пройденный по программе, Пушкинский Медный всадник. Тут было проще представить весь ужас сочетания стихии и этих каменных гор. А Лариска чувствовала себя привольно в этих джунглях, ни сколько не испытывая гнетущего их величия, больше ощущая своё величие. Вдоль стенок каменных на пляже стояли люди в купальниках, загорали. Почти никто не плавал в холодной и летом воде, тринадцать градусов тепла воды не грели и быстро выталкивали из глубин её купальщиков и они, дрожа бежали к нагревшимся стенкам крепостных бастионов, с радостью прижимаясь к ним всем телом. Лариска велела раздобыть купальник и назавтра назначила загоранние. Конечно, не готовая к такому отдыху с загоранием Лина, не имела купальника. Но бабушка выручила. У них хранились вещи старшей Лининой сестры, которая училась в Павловске и там был вязаный крючком, красивый, чёрный купальник. Сначала они с Лариской тоже прислонились к стенке. Но неожиданно для Лины все стали смотреть на неё, такого внимания она в Чагоде не привлекала, там не принято было «глазеть», да, ещё ужаснее, делать комплементы. И они с полного одобрения Лариски ушли на крышу Бастиона, любимое Ларискино место. Там было ближе к солнцу и можно было лежать на почти горячих камнях и главное. никто не глазел на твою фигуру,в красоте которой Лина ничего не понимала. Оставшись одна, стала рассматривать себя в зеркале, будучи в купальнике. и поняла только, что купальник красивый, а фигура. Что красивого?... Но ...время научило отличать плохое от хорошего. У Лариски был скифский профиль, плотная кожа на лице, жёсткие темные волосы и вся она была плотная, плечистая, весёлая и подвижная. Улыбаясь, обнажала белые зубы на зауженной верхней челюсти. Надо сказать, что она с охотой выполняла роль гида в городе, где прожила сама не полных 5 лет из её 15. Показала Лине прежде всего всю крепость, пристав в группе экскурсантов посмотрели и казематы в каменных стенах. Много раз гуляли по набережной, ведущей к крейсеру Аврора. В саду им. Ленина, что между набережной у крепости и улицей Горького все памятники и несколько раз посетили большой кинотеатр Вулкан, обсерваторию. Погуляли и возле, тогда закрытой, облупленной и страшной, мечети, на углу улицы Горького и улицы Кирова. Не далеко от неё жил Кадочников и всё знающая Лариска рассказывала, что часто из окон его квартиры доносился скандал. Но симпатии почитателей артиста от этого не уменьшались. Время было тогда безопасное, милиция честно выполняла свои обязанности и белые ночи над Ленинградом и разведенные ночью мосты, как две большие руки увидела Лина в эти каникулы. Днем по Кировскому шли на Марсово поле, где пахло сиренью и тогда ещё не высокие кусты их можно было потрогать и поискать в пятилепестковые цветочки и съесть на счастье, таких было мало и отравления не получали. Потом через мостик на лебяжьей канавке шли в летний сад, где стояли белые красивые скульптуры. Потом, живя в Ленинграде, за суетой и заботами почти не бывала Лина в этих местах и то посящение в 16 летнем возрасте было самое насыщенной экскурсией, благодаря неустанной Лариске. Раз в день Лариска бежала к телефону автомату, что висел на стене собора с шпилем. Там ожидая, когда Лариска закончит пустую болтовню с школьными подругами, встав на маленький парапетик для металлической ограды, Лина увидела могилы и прочитала, что это были царские захоронения. Лариска тут же выложила свои знания о внутренних захоронениях и Лине стало не приятно, что бабушка живёт на кладбище. Окна их комнаты выходили на этот собор и Лина уже к ним не подходила. Вскоре бабушку и всех жителей выселили из дома коменданта на Мытненскую набережную и из окон можно было уже видеть царский зимний дворец – постреволюционный Эрмитаж. Нева холодная река теперь была прямо под окнами. В одно из наводнений к окнам бабушки приплыла женщина на матрасе. И в период наводнений в их квартирах были солдаты на случай необходимости спасения. Но это было уже без Лины. По мостам над Невой приходилось позднее ходить часто, с Маришкой в коляске, когда ходила пешком к бабушке в гости с Октябрьской набережной

Невы. Октябрьская набережная вошла в жизнь Лины, когда она закончила второй курс института и вышла замуж за Славу Литвинова.

Учась в институте Лина нашла свою Чагодскую знакомую, учившуюся в параллельном классе А, Риту Агапову, весьма симпатичную, белокурую, очень тактичную и умненькую. Она училась в техноложке. Праздновать окончание курса Рита пригласила в квартиру Выборновых, возле почтамта. Пришли 4 мальчика и 3 девочки. Всё было скромно по студенчески не очень обильная еда и довольно скучно. Слава пригласил танцевать и рассказал о себе, что он учится в техникуме, живёт рядом с родителями Разговор не очень получался, так как более симпатичным выглядел второй Слава – Фадеев, был похож на Джека Лондона внешне, но совсем не по своей смелости, что вскоре пришлось увидеть. Лина засобиралась уходить . так как Лена- хозяйка инсценировала шок, видимо не ожидала, что внимание мальчиков привлечёт не она. Все забеспокоились.Но яркий румянец щёк Лены,выдавал её замысел. Что Лина уходит, увидел Слава Фадеев и тоже решил уйти. Они были уже на Исакиевской площади, когда их догнал Слава Литвинов и очень не кстати сказал : «что друг. две собаки дерутся, третья хватает и убегает». Слава Фадеев без разговоров развернулся и спешно ушёл. Было не приятно и от предательства и от грубости этих юношей. Но Литвинов, увидя это, очень искренне извинился и попросил разрешения проводить до дома по ночному городу. Лина жила не далеко на Гороховой, снимала угол у хозяйки, работавшей по ночам и могла смело возвращаться ночью, никого не тревожа. Слава на другой же день стоял у подъезда ожидая Лину, может несколько часов (телефона у хозяйки не было и свидание не назначалось). Слава был так внимателен, так улыбчив и разговорчив. Они проболтали несколько часов и снова не назначалось свидание. Он просто приходил к подъезду каждый день. Были каникулы и Лина должна была ехать в Чагоду. Ни каких особых чувств к этому юноше не питала, но у неё не было интереса и кому либо другому. Слава просто заполнил пустоту. В Чагоде, прожив неделю и придя как то с прогулки, увидела в доме неожиданного гостя. Это был Слава. Он уже успел обаять папу и маму, пил чай и был бесконечно рад приходу Лины. Непотопляемый, он приехал на товарном поезде, нашёл квартиру для проживания и прожил месяц в Чагоде, познакомившись с таким количеством людей. что Лина не знала близко всю жизнь здесь проживя. Слава познакомил потом Лину с родителями. Они имели квартиру на Октябрсой набережной. Огромную с тремя комнатами, большой кухней. Все стены были увешаны копиями известных картин, которые выполнял папа Славы. Он был директором завода авиоприборостроения на Васильевском острове. Родители довольно мило принимали Лину. И когда Слава объявил им о желании жениться, видимо не возражали. Как позднее Лина поняла, что у них расчёт был. Сын имел не лёгкий характер и посчитали, что женитьба и семья его исправит. Он исключался из 2 школ за поведение, ругался с родителями, всегда чего либо требуя от них, курил с малых лет, тогда как отец не курил. Отец интеллегентен. Проживя в Лондоне 5 лет приобрел английскую сдержанность. Постоянно чем то занимался в своей кладовке. Был отличный семьянин и вообще хороший человек. Славе ментальный ущерб достался от материнских генов, её сестра часто лечилась в псхибольнице. Да и сама Вера Герасимовна была странновата. Быстро меняла своё настроение от мажора к минору. Была бестактна как и сын, властна и обжорлива. Но всё это узнала Лина значительно позже. А пока Слава красиво ухаживал. Делал подарки и сделал предложение выйти за него замуж. Институтские подружки подбодрили, все жили в коммуналках или в тесных квартирках и от Славы, узнав что у них квартира на набережной и 106 метров жилой площади (о чём Слава охотно всем рассказывал, так как других достоинств ему не досталось), наперебой подталкивали Лину выходить за него замуж. Интуитивно чувствуя неверность шага. Лина вступила в этот поистине « брак». После свадьбы Слава изменился. Когда они приехали в Зеленогорск к его маме на дачу, то при выходе из автобуса он не подал руки. Было странно и Лина спросила почему. Не мудрствуя лукаво, с деревенской простотой он ответил, зачем, ты теперь жена. Это был нокаут. И дальше пришлось молча терпеть бездыханность несколько лет. Утром скандалы с родителями изза денег на обед. Лина принимала сторону родителей, но только в душе. Они дали этому неспособненькому всё две комнаты, еду, одежду, телевизор, который в то время имели не многие. Он уже к этому времени работал и ещё продолжал что-то требовать. Лина никогда не слышала в доме родителей такой брани. Сначала плакала тихо в своих комнатах, потом не обращала внимания, так как вечером они общались как бы ничего и не случилось. Это был стиль их жизни. Но надо сказать, отец при этом не сквернословил, он иногда просто пытался перекричать своего непутёвого сына. Но пришло время апогея… Слава работал в институте атомной промышлености и стал ездить в командировки в Серпухов, где строили реактор. Однажды, через пару дней его возвращения из командировки в дверь их квартиры позвонила девушка. Лина открыла дверь, та, не смущаясь, спросила Славу. Зная, что муж был в командировке с Славой Фадеевым, спросила не Фадеева ли. Но девица потребовала Литвинова. Лина пригласила её в квартиру. Смело прошагав в кухню гостя, не отказалась от предложеного чая. Вскоре из комнаты вышла Маришка после дневного сна и спросила, где папа. Лина сказала, что ещё на работе и вот тётя тоже его ждёт. Девица, поперхнувшись чаем, ринулась к выходу. На двери функционировали 5 замков. Она бедная в спешке все их позакрывала. Лина успокаивала её, что она не собирается её бить или удерживать. Спокойно открыла замки и выпустила несчастную. Которая, уже на лестнице выкрикнула, что беременна. Так пришел конец. Дальше было унижение, оскорбление, даже ударил по лицу, некогда любезный ухажор. Но причину своего решения Лина никогда никому не открыла. Её было стыдно говорить об этом, да и смысла не видела. Горбатого могила исправляет. Слава женился ещё 4 или 5 раз. Мама его перед своей смертью заставила сына разыскать Лину и попросить за неё прощения. Она знала за что. Лина давно к этому времени простила и вычеркнула их из памяти. Только долго не проходила боль от той раны, которую нанесли они с помощью Марины.

Уйдя от Литвиновых, месяц прожила в комнате у Саши Параничева с Мариной, пока все обитатели комнаты жили на даче. Потом сняла на ул. Вавилова в новостройках квартирку однокомнатную. К ней на Вавилова приехали родители Славы и в слезах выпросили вернуть Марину в квартиру, обманули, что Слава с ними не живёт и заботиться о Марине будут они, а Лина может в любое время приезжать и быть с Мариной сколько захочет. Заговор заработал. Марину всеми средствами настраивали против мамы. Вскоре Слава, не уходивший никуда, привел жену, солдафонского вида с фамилией Майорова (в последствии показавшей им всем, где зимуют раки) и свидания с Мариной стали Проводиться под неусыпным контролем новой мамы и разрешались всё реже и следилось, чтобы Лина из своей тощей зарплаты уходя, оставляла Марине деньги. Это был кошмар. Когда Марина заразилась от кошки лишаём, Лина приехала в больницу к дочери, мать-солдатка на остановке автобусной, встретив Лину, разразилась такой бранью, Слава наслаждался. Лина только тихо сказала её, что придя домой, посмотрись в зеркало и подумай почему ты такая злая. Марина всё неохотнее встречалась и вскоре подписала какието бумаги об отказе от матери. Что было нужно прежде всего взрослым, боявшимся претензий Лины на жилплощадь, чего в её замыслах и не было. Отец Славы перед развводом предложил ей работу за границей, (но Лина отказалась так как понимала, что это разлучит её с дочерью), считая что это поможет сохранить семью непутёвого сына, а после развода дал 1000 рублей отступного, не потребовав ни каких расписок. Скорее всего ни сын, ни невестка об этом не знали и продолжали бояться возможных претензий. Вскоре отец умер от прободения язвы желудка, о чём Слава без тени сожаления и даже хвастаясь, что он хозяин квартиры теперь, сообщил моей тёте Анне. От этого бесстыдства у нее разболелась голова.

Тетушка Анна была такая совестливая, честная и справедливая при её ещё и кроткости, что Славина бесчувственность и нескромность чуть не убили её.

Вообще из всех родственников только она. не расспрашивая подробно, понимала Линин развод. Но после этих слов совсем убедилась в правильности решения. Слава, когда увидел заметное отчуждение Марины от мамы, с гордостью заявил, что воспитает её врага в лице Марины. Лина спросила при этом, за что же он так ненавидит дочь… но для его разума это была высшая математика, которую он с трудом «перевалил» в институте. Учился он в заочном институте около 15 лет, по многу раз делая попытки сдать экзамен, но зато когда Лина возвращалась с очередной пятеркой на экзамене, он обзванивал всех знакомых, оповещая их об этом, считая это своей заслугой. Было смешно слушать хвастуна. Нарцисизм, патологическая конфликтность, презрение к окружающим — были главные черты и мамы и сына Литвиновых. За 5 лет совместной с ними жизни не видела в доме никаких подруг мамы и у неё их не было. Она терпела только подчинённых и потому уже в пред пенсионном возрасте стала работать завхозом в научном институте и командовала несколькими женщинами с удовольствием. Сын так же не имел друзей, также любовался собой и презирал всех других. В 1964 году Лине довелось лететь в Киев на экскурсию с сослуживцами Славы. Никто из 29 человек не знали кто она. Ей пришлось услышать много плохого, сказанного ими в разговорах друг с другом о самовлюблённости, о эгоизме своего мужа. Из его жён она раньше всех поняла хорошую семью с этим человеком невозможно построить. Его надо лечить. Но она не психиатр и Литвиновы никогда не признают своей патологии. Лучше уйти и вычеркнуть из жизни, но тяжелое материальные условия и доверчивость Лины не позволили ей жить вместе с Мариной, которую до 5 летнего возаста бабушка даже не пускала в свою комнату, и пользуясь бедностью Лины и в страхе за свою квартиру, они искалечили жизнь и Лине и Марине, которая вскоре поняла, что мачеха обычно не родной человек. Рана, нанесённая глупостью Литвиновых, болит всю жизнь.

1966 год окончила Лина мединститут не очень беспокоясь о карьере (ей предлагали остаться на кафедре здравоохранения, заведующий которой работал и в Женеве в ВОЗ, но Лина в это время не могла оставить Марину и надеялась, что скоро они будут жить вместе), согласилась работать на скорой, куда не особенно охотно шли выпускники. Тяжелая работа, ночные дежурства иногда по 8-10 в месяц, агрессивность мужа, его страсть к скандалам, которые он пытался устраивал иногда на станции скорой, приходил к Главному врачу скорой и горздравотдела, с попыткой оклеветать, аппелируя к тому, что жена не ночует дома, что, конечно вполне объяснялось её ночной работой, тяжёлой и при этом Литвиновы старались помешать отдыхать и днём после работы. Жизнь превращалась в кошмар и опасный для здоровья, решать пришлось всё изменить. Ей было 27 лет и верилось, что всё будет хорошо. А пока надо после развода успокоиться и заняться медитацией, о которой в это время только начали появляться сведения в рамках широкого интереса к йоге. Философию йоги Лина не очень принимала, но медитация, управление эмоциями были для неё актуальны и верилось, что помогут сохранить здоровье. Активно в этом помогал Саша Параничев, увлекавшийся йогой и доставлял Лине много литературы об этом…Не сразу, но почувствовалась польза от занятия хатка и мадитацией, пришёл относительный покой. Позднее, когда пришлось пережить главный удар от Литвиновых отказ Марины от родной матери в интересах жилплощади, пришлось обратиться к врачам, так как видимо был малый строк и нарушилась речь. Врачи помогли с помощью сеансов гипноза и рекомендовали продолжать медитации. Молодость не убили. Хотелось жить, любоваться красотой города, парков. Лина стала больше гулять по его улицам. Однажды встретила на улице Ларину, с которой училась в одной группе в институте. В её огромной комнате на ул. Герцена всей группой они провожали «последнюю пятницу на этой неделе» довольно часто. Покупался гусь, орехи и бутылка шампанского на 10-12 человек, усаживалиясь на шкуру белого медведя и слушали музыку. Муж Ларины работал в оркестре Татляна, и дома было множество кассет с джазовой музыкой. Группа была дружной, в институте её звали « группой семи красавиц и трёх богатырей». Красавицы это истина. Никогда больше в жизни не встречала Лина столь красивых девушек как своих по группе. Черноволосая Ада, русоголовая Наташа, с милейшими веснушками, розовогубая Марина, и еще и ещё…, а Богатыри конечно в кавычках, это были низкорослые, но очень умненькие, очень симпатичные парни сыновья профессоров..и, как говорили красавицы, мы их готовы носить на руках. Они продумывали и готовили для пятниц разные смешные репризы или приносили книги, в которых в каждой строчке были смешные ошибки и другие забавные шутки. Они обеспечивали группу билетами на экзамены, которые самоотверженно добывали и группа хранила секрет. Экзамены для Лины были не просто сдавать, так как время для подготовки было ограничено несколькими часами, пока Марина была в яслях. Когда дочка засыпала Лина шла к Свете Забрежневой на площадь Труда и, собравшимся туда, отдохнувшим, нагулявшимся, красавицам рассказывала всё, что прочитала, отвечая уже на билеты. Девушки запоминали, а Лина закрепляла прочитанное, что позволяло её отлично учиться. Девушки обещали построить Литвиновой памятник на площади Труда – но, повидимому, он был столь не рукотворный, что никто его не видит. Через 10 лет, при встрече выпускников почти никто не присутствовал из красавиц, все были за границей. Пригласивший на танец Лину, бывший декан курса, а в то время ректор института, сказал, что десять лет до их группы и десять лет после не видел собрания таких красивых женщин и сожалел, что все уехали за рубеж. И, вообще отметил, что необычный был курс, через 10 лет 50 кандидатов наук и один доктор наук, много уже главных врачей. Институт в это время давал очень хорошую подготовку и лечебного и санитарного характера и много было профессоров с мировым именем: Рысь, Смирнов, Кедров,Цинзердинг, Макаров организовали прекрасные кафедры и были высоко культурными, вместе с тем, простыми в общении людьми. И всю жизнь Лина помнила, что высокая культура предполагает не высокомерное отношение к людям и тем более к пациентам, что помогло ей быть уважаемым пациентами врачом.

А пока она встретила Ларину, которая была участковым врачом и не видевшись почти год, обе были рады встрече. Ларина скаэала, что у неё последний вызов, который продлится не долго, так как там женщина часто притворяется быть больной, мучая своих родственников, заставляя их ухаживать за ней, предложила Лине пойти с ней, так как она врач скорой и сама увидит эту болящую. А после этого решили пойти в лягушатник, так называли кафе мороженое на Невском проспекте за его зелёный цвет интерьера. На звонок открыл парень, симпатичный с копной коричневатых волос, смеющимися карими глазами и красивой белой мушкой, аккуратно постриженной бородки. Вошли в большую прихожую, завешанную вдоль прохода стиранным бельём, не приятно пахнувшим хозяйственным мылом, прошли в тёмный коридор и сразу повернули налево и. наконец, попали через тесный коридорчик в комнату. Там особенно бросался в глаза почти чёрный, покрытый мастикой пол, старая мебель, и сильно пахло валерианкой. У порога в маленьком алькове на кровати, лежала розовощёкая женщина, с азиатскими щёлками глазами, было видно, особенно врачу скорой, старушка будет жить, да и парень не был очень озабочен состоянием матери. Всё было отлично, прописав карвалол, Ларина закончила визит. Парню сказала, что идём в Лягушатник и пригласила его, он с охотой согласился. Саша, так звали парня, только что прочитал Булгакова «Мастер и Маргарита» и за мороженным почти наизусть рассказывал текст книги, которая впервые печаталась в советском журнале, после долгих лет запрета на Булгакова и других писателей и теперь интерес к ним как к всякому запретному полыхал среди молодых людей. На другой день в это же время решили встретиться, Саша пообещал принести журнал с «Мастером». Встречались у Ларины, но уже в новом месте её проживания - у её матери. Ларина ушла от мужа, так как он не хотел никаких детей, а Ларина мечтала и скорее вышла замуж и родила мальчика. А пока было лето, были белые ночи и троица, встречалась почти ежедневно, Марина была с детским садом в летнем лагере. Молодость водила по красивым улицам города, по пригородам Ленинграда, не посмотреть которые было бы стыдно живущим в этом городе. Был период какогото активного отъезда из страны знакомых подруг и друзей. Уехали почти все из группы красавиц и из компании Саши. Даже стало ощущаться какаято опустошённость, брошенность и безвыходность, что ещё больше сплотило тех, кто не мог уехать. Но особенно страстно этого желал Саша, что всегда чувствовалось в его интересе к зарубежной музыке, фильмам, книгам, всем кто приезжал в гости – своим и иностранным. Так однажды на скорую помощь, где Лина работала врачём, к концу смены пришёл Саша с парнем едва говорившим по русски. Звали парня Билл, он был высокий с каким большим, будто отёчным лицом, постоянно улыбался подозрительно белыми зубами и,что самое смешное, на ногах Янки были огромного размера туфли нашей Скороходовской фабрики (уезжая,он взял два чемодана этих туфель). Билл утверждал, что удобнее обуви он не носил всю свою жизнь. Тогда как наши граждане не понимали какую заботу о них проявляет партия и правительство, производя такую обувь и старались всеми путями приобрести иностранную. Такой парадокс. Билл на ломаном языке стал предлагать Лине поехать с ним в Америку, где её внешность может принести ей миллионы. Но слушать его было странно и, конечно, всё принималось не серьёзно и ею и ее другом Сашей.

Потом приехав в Америку на шестом десятке лет поняла, что Билл был прав, здесь красота – деньги. А пока без денег надо было красиво одеваться У всей троицы и у не очень старательного работника Саши (сменившим 8 работ к этому времени в знак протеста против советской уравниловки и дешевой оценки труда) на приобретение дорогих тогда фарцовочных вещей не было средств и жили они с принципом украшаем собой вещи. Лина, используя уроки юности прекрасно шила всё – от пальто до нижнего белья. Пользуясь тем, что лекции в институте оставляют свободными руки и болтать нельзя Лина на лекциях вязала и не столько для себя. Связав одно платье, она вызвала такую бурю желаний у своих красавиц, что они записывали для неё лекции, а сами закрывая собой Лину на задних рядах, заставляли вязать. За один сезон было связано 6 платьев, 3 пальто и дюжина беретов. И из всего у Лины осталось по одному экземпляру. Не хуже заграничной фарцовочной одежды выглядели и сшитые вещи. Тем более воспитать тогда красивый вкус можно было в публичной библиотеку, где были все зарубежные журналы мод, которые перед работой с медицинской литературой всегда можно было просмотреть. Студентки в институте считали, что Лина вышла замуж за богача, так как каждыйсентябрь появлялась в новом пальто и шляпке. Но секрет был в любви к искусству шитья и очень дешёвой цене тканей в лоскутных отделах. И если пальто стоило от 50 рублей в магазине и сотни рублей у фарцовщиков, то Лине стоили 8-10 рублей. Ещё будучи студенткой последнего курса она закончила курс «Модных шляп» - это тоже искусство, доставляющее удовольствие и значительно уменьшавшее затраты в холодном, сыром климате прибалтики. Даже Саше, устав видеть его коричневую, пластиковую куртку Лина сшила пальто в коричневую крупную клетку...и Саша был денди на Невском. Да в молодости есть какая то потребность в том чтобы тебя замечали и особенно если тебе постоянно делают комплементы мужчины и даже женщины. Одна из них, например, мать Миши Гусева - профессор и сама очень миловидная женщина просила Лину приходить к ней почаще, так как получала удовольствие от её внешности. Другая женщина в саду отдыха сидя рядом на скамейке расплакалась и сказала, что благодарит Лину за доставленную радость видеть красоту. В летнем саду пожилой мужчина опустился перед ней на колени и тоже благодарил Бога, что дал видеть красоту... И хотелось быть среди людей, Было меньше завистников, чем доброжелетелей. Иногда несколько некомфортно было от поведения молодых парней, нельзя было одной пройти по улице, тогда в России было принято свободно затевать разговор с понравившейся девушкой. И чаще всего было это неприятно. Потому явление на улице с Сашей и Лариной вполне устраивало. Саша всегда много и интересно рассказывал и был мягким в обращении, в отличии от Литвинова, не таким хвастливым и конечно. значительно умнее казался Лине. Все прожитое в зрелом возрасте воспоминаниями всегда почемуто радует больше. чем печалит. Вот и сейчас когда писала эти строки о прошлом пришли стихи:

Не дышу, вспоминая юность.

Не хочу, чтобы мысль очнулась.

Чтобы счастье в мечте продлилось.

Все реки текут в море...

Чтобы молодость возвратилась.

Унесусь в прошлых дней неусталость,

На мгновенье оставив старость.

Возвращусь в инвертность мечты,

Непокорность былой красоты.

Вспоминаю мостов строгость дуг,

Лица милых моих подруг.

Теплоту твоих сильных рук,

Расставаний до завтра мук.

Бодрость свежего белоночья.

Эрмитажного шум разноречия.

Стук моих каблучков у Казанского.

Огородников у Финляндского.

Миги пятниц «по хандре поминки»

На Герцена у Ларинки.

Анегдоты усача Малинки.

По утрам с невинной вечеринки

Выбегали стайкой на разминку

В рощицу на Выборгской развилке.

Вслух Ахматову и Зощенко читали...

Забывали все свои печали..

И палатки в северном тумане

На «Красавице» по утренней заре,

Лодки, вёсла на густой Неве…

Но устало сердце плавится

На былом огне.

Прошлого одежды трудно снять…

Всё прожитое - благодать.

Пока не замечалась Сашина беспечность, неволнение ничем, незабота о ближнем. Всё отчётливо и как то сразу проявилось когда родилась Аня. В род дом Саша пришёл лишь на 3 день. Послал скромный букетик цветов и записочку -…жаль, что родилась девочка… Стоит ли много говорить по этому поводу… И Лина понимая, что снова жизнь больно ударила по лицу, в машине, которая везла её в Лахту, где они снимали на втором этаже маленькую комнатку, лила слёзы, без звука, просто текли слёзы из глаз. Саша сидел рядом и не находил слов для утешения. Такие заботы не были частью его натуры, воспитанной в семье, где мама любила его совсем не материнской любовью и пообещала ещё беременной Лине… если что-то Саше будет не нравиться он бросит вас. Надо было жить, надо было держать позвоночник прямым и вовсю использовать данные Богом способности. Люди властвуют во вред друг другу - прав псалмописец. С берегов Невы переехав на берег залива пока планировала свою жизнь одинокой, всеми заброшенной. Саша появлялся раз в неделю и реже. Родители Лины, даже приезжая в Ленинград, никогда не посетили её, занятые хлопотами о Мише, его жене и детях. Только тётя Анна, сама тоже одинокая мама, приехала однажды к Лине и плакала, видя и её осунувшуюся и печальную и одинокую, но ни чем не могла помочь. Лина была бдагодарна ей и за это внимание. Саша мягко растоптал её красоту и надежду. Сестрицы его не скрывая своей ненависти к ней и не думали её посетить. Свою нелюбовь они показали, когда их не мудрая и не христианская мать написала отвратительное письмо подложив украдкой в сумочку Лине, где насмехалась над её верой в то, что Саша будет о ней заботиться.. Лина,исча помощи, принесла это письмо старшей из них и та по-своему стала «утешать» Лину», рассказывая какой плохой была эта мать для всех детей и женой для мужа. А потом отказалась от всего, сказав, что Лина всё выдумала. Так потешались не красивые внешне и внутренне три женщины над беременной женщиной. Есть ли больший грех? Позднее без всякого приглашения они пытались вломиться в квартиру Лины и больших усилий стоило не выбранить их и не открыть им двери, спустить их с лестницы.. Это были не люди – волки. Подругам Лина не звонила, ей было стыдно за свой глупый выбор. Денег Саша не приносил, пришлось тратить ту тысячу рублей, что дал Георгий Литвинов, как откуп за долю площади в квартире. Жила Лина зиму в холодном доме одна с ребёнком, хозяева жили только летом. Надо было топить целый день печку в комнате. Таскать тяжелые дрова, и воду, ходить в магазин около километра... Соседка Раиса Михаиловна – мудрая и заботливая немного помогала и утешала. Сказала такие слова о Саше—он силён своей слабостью. Да сила его «незаботы» была велика. И даже когда умирала его мамочка он не проявил никакого внимания. Да где ему было найти сострадания в сердце он поистине имел пламенный железный, холодный мотор унаследованный, видимо, от мамы. У отца его сердце не выдержало и он застрелился, Саша скорее всего никогда себя не упрекал и нераскаивался. Притча говорит «глупый ненавидит раскаяние». Да есть способность совмещённая с глупостью и есть мудрость... У Саши и всей его семьи было больше первого. Прошёл год...загородного проживания, наступила полная нищета... без денег, без жилья только диплом врача и здоровая девочка. Лина впервые обратилась в этом безвыходном положении за помощью к своим родителям и они согласились ей помочь, взяв к себе Аню пока Лина найдёт работу и жильё. Вернувшись от родителей, поступила в ординатуру института гриппа, где платили обычную зарплату врача, но ещё были они долевыми участниками коперативного дома для врачей Петроградского района. Сестра дала денег на первый взнос и далее надо было платить 30 рублей из зарплатцы 106 рублей. Саша зарабатывал около 90 рублей и в нормальной семье это было бы хорошо. Но Саша из этих 90 тратил на обеды с вином на работе 50 рублей и 20давал матери. Остальное на дорогу и носки... семьи у него не было. Лина не ругала его, не требовала денег, просто попросила больше не приходить гостем в квартиру на обеды... И Саша заглотал свободу. Женщины на работе Лины, знавшие Сашу, стали сообщать, что видели его с другими женщинами... Но было давно не больно.. Просто жалко, что ктото ещё прикоснётся к этому холодному металлу мокрой кожей. Но теперь была работа и квартира и не было так страшно... Но мир жесток. Аню в яслях простудили и она с двухсторонним воспалением лёгких попала в больницу, где её и увидела мама, похудевшую и напуганную болью от уколов. В тот же день увезла Лина дочку в Ленинград. Был отпуск в работе, Аня поправилась, но Параничевы, как обычно. были в стороне. Саша гулял молодецки, Нина была вся в своих болезнях и казалось этим только и жила, не сопротивляясь, а принимая от семьи всяческую помощь, к Лине относилась как к какой-то аккупантке и постоянно говорила, что не собирается ей помогать... ты сама себе избрала путь .. вот и живи.. Тогда Лина просто в один последний день отпуска принесла дочь к Параничевым, где уже постоянно жил её муж и сказала... Надя не работает и вполне может быть няней, тем более девочка большая. В выходные дочь будет с Линой, иначе они обе умрут с голоду и их выгонят из кооператива. Выхода не было и Ане пришлось провести в этой семье не добрых, не искренних, завистливых и бессердечных людей несколько лет. Конечно в такой обстановке не возможно сохранить здоровье, подорванное пневмонией. И начались круги ада, для ней и Лины. Долгих, мучительных 8 лет, ежегодно в больницах лежала Аня... Лина закончила диссертацию, зашитила и уже написала докторскую диссертацию, но когда Аня снова попала в больницу уже с осложнением на тазобедренный сустав, всё бросив... и перспективную работу и красивый город и друзей и родных, уехала в тёплые места, думая только об одном, как спасти дочь. Когда принесла заявление об увольнении начальник отдела генерал Гапочко спросил "Ты нормальная, оставлять почти законченную докторскую..., люди за это жизнь готовы отдать», Лина спокойно достала справку из психдиспансера, что нормальная.. (такие справки советы требовали при переезде из города в город). Итак, все реки текут в море...Река жизни Лины пробила русло к Чёрному МОРЮ в город Сочи.

У самого моря жить не пришлось и пока жили почти на берегу реки Сочинки, которую в летнее время можно было перейти не замочив колени, а зимой и во время штормов наполнялась водой и шумела как горная полноводная река.

Улица Макаренко не самый курортный уголок города, магазины, машины, множество местных жителей, забитые, едушими на пляж отдыхающими, троллейбусами... Курорт – понятие для отдыхаюших, копивших весь год деньги, чтобы вкусить всю полноту не озабоченности, морального расслабления и физической неряшливости, которая проявлялась в мусоре на улицах и балконе у Лины, ежедневно забрасываемом газетами, фантиками, окурками их, снимавших комнаты в верхних этажах. По ночам шумели пьяные мужчины и гдето с окрестных гор доносились крики о помощи доверчивых женщин, не знавших жестоких нравов кавказских мужчин. Отдыхающие потом отсыпались на пляже, а местным надо было утром идти на работу. Таковы прелести курорта. Но как всегда надо было находить способы существования и утешения. И конечно находился... Приехали 6 марта 1978 года из Ленинграда, где в тот год было ещё до 20 градусов мороза, в Сочи, где было 20 градусов тепла. И главное выбор был правильным – Аня больше не болела, живя в Сочи. Остальное мало радовало, но надо было терпеть. Работа сильно отличалась от научной в Военной Академии. Курортная терапия не требовала большого напряжения ума, проводилась по клише, продиктованном не сложными инструкциями и только интерес к диагностике держал на этой работе. Условия позволяли детально и внимательно проводить осмотр и опрос новых пациентов и правильно ставить диагноз, часто помогая больным и этим. Да ещё представилась возможность изучить основательно кардиологию, тоже в условиях курорта скорее прикладную, для диагостики, чем для лечения. Так как мацеста фактор лечебный, но результатов воздействия врач курорта обычно не наблюдает. И только работает по принципу Гиппократа не навреди, прописывая бальнеотерапию, хорошо поработав с диагностикой. Научные и учебные институты с большой охотой приезжали в Сочи для проведения учебных семинаров по всем дисциплинам и это было отличное усовершенствование в медицине. Вскоре к кандидатской прибавила звание терапевта высшей категории. Ну а жизнь на реке Сочинке была несколько полегче. Не требовались большие затраты на зимнюю одежду и доступнее были фрукты, овощи. Зарплата тоже была выше. Так как все работали на 2 ставки, да ещё заведование отделом тоже приносило некоторую прибавку к зарплате. Жизнь проходила исключительно в окружении врачей, размеренно в текучке работы и встреч на дни рождения и праздники. За 5 лет Аня окрепла. выросла и уже мечтала возвратиться в свой холодный Ленинград. Закончив 8 классов уехала поступать в мед. училище. Оставаться в Сочи Лине тоже не было смысла, но возвращаться в ту трудную жизнь одинокой, не очень уверенной в своих силах борца и добыдчика, туда, где без этого не прожить, не очень хотелось. Но судьбе угодно творить жизнь посвоему. Однажды в тот кардиологический санаторий, где Лина заведовала отделением по какойто случайности приехал человек, который должен был отдыхать в санатории, рядом расположенным, генеральском. Он пришел на приём только один раз и больше не приходил. Настаивать не было принято, если это проживающий в люкс номерах пациент. Но к нему в гости пришёл какой человек, который случайно разбил вазу в коридоре. Уборщица, не зная что сделал это гость отдыхаюшего в люксе, по правилам вседозволенности пролетариата, отругала его весьма грубо. На другой день смущён с извинениями и с вазой в руках явился сам отдыхающий. Пришлось и Лине извиняться за грубость технички. Был конец приема и она собиралась идти домой. Генерал Фомин попросил её отужинать в ресторане, но Лина отказалась, так как это было не принято в санатории и вообще было не совсем хорошо после этого скандальчика. Но генерал стал ожидать Лину у остановки автобуса в конце смены почти каждый день и они познакомились. Двадцать один день отдыха генерала заканчивались и Лина всё еще не разобралась что испытывала при встречах с этим человеком, так настойчиво искавшим их встреч. Что то среднее между уважением к старшему (был старше на 15 лет), усталости от забот одинокой женщины и желанием получить толику внимания или просто интерес к новому человеку, не похожему на окружавших её врачей. Ни каких планов она не строила, так понимал, что расстояние разделит чувства и уважения и симпатии. Генерал был москвич. Уехав в Москву, стал звонить почти ежедневно и не прошло месяца приехал в командировку в Новоросийск. Потом приехал на встречу Нового года. И все вокруг заговорили, что у Лины появился жених. Но невестой себя радом с этим человеком она не чувствовала. Не хватало чего-то в нём, что вызывало бы чувство влюблённости. Стар и ревнив. Но ухаживал он красиво, не настойчиво предлагал уехать в Москву, где обещал всяческую помощь. Лина в Москве была пару раз в командировке, плохо представляла себе жизнь в столице. Генерал пригласил её приехать и встретил на служебной машине, привёз в гостиницу для иностранных правительств, существовании которой, наверное, мало кто знал в Москве. Гостиница суперкласса, с бесплатными обильными обедами, бассейном и отличным сервизом. В другой раз Лина приехала по его приглашению уже в гостиницу Москва, где тоже был большой люкс номер и отличный сервиз. Советские генералы умели и могли угодить женщинам, если хотели. Через два года Лина согласилась переехать в Москву. Сначала все не принимала пердложение генерала о замужестве. Но потом, видя, что он проявляет большую заботу, устав от одиночества в этой проблемной жизни,согласилась. Ревность свою генерал умел нивелировать и кроме того Лина была человеком преданным и думала, что не будет повода для ревности. Регистрация брака была скромной, только два брата генерала присутствовали на ней. Квартира молодожёнов была в сталинской постройки доме на набережной Яузы.

И опять РЕКА … Яуза и Семёновская набережная. Река текла где то среди грязных улиц и дворов и Лина никогда не видела её вод. Дом построен не глупыми людьми и имел все социальные структуры от детсада, поликлиники до сберкассы, но двор, улицы вокруг замкнутого дома были такие грязные, не ухоженные. В метро надо было идти по одной из них между домами и насыпью электрички. Лина называла – «путь на голгофу» -грязная, пыльная улица переходила в площадь, превращённую в дни демократического переворота Ельцина в грязный крикливый базар, далее надо было идти по проходу под железнодорожной насыпью среди ящиков, корзин с товарами крикливых торговок и снова площадь, уставленная разного калибра и цвета ларьками с опухшими толи от холода, толи от жары, толи от алкоголя лицами внутри их. 10 минутное неминуемое испытание каждый день. Вспоминалась тихая Октябрьские и Мытнинская в Ленинграде и санаторный покой в Сочи. Всё прошло. Работа нашлась в поликлинике № 2 на Солянке, зав. отделом скорой и поспитализации и врач мера москвы Лужкова, посещать которого при его здоровьи тогда почти не приходилось. Работа интересная,но не зря москвичей не любят по России, сочинские хозяйки набирая отдыхающих у вокзала при слове Москва тут же отходили со словами «нет». Народ бестактный, заносчивый и большие интриганы, что ими принималось за мудрость. Главным интриганом был конечно начальник обединения, включавшего 2 поликлиники и спец. Палаты в больнице Боткина, которые были в ведении мэрии города. Чувствовал себя он московским князем и властвовал всласть. Этот человек почти все свои силы прикладывал к тому,чтобы натравливать друг на друга людей. К Лине относился с опаской, так как она была жена генерала, рекомендовал её сотрудник Чубайса и начальник объединения провёл немало бессонных ночей разгадывая - кто она такая и как бы ей навредить. Но в работе не было нареканий, в коллективе к ней относились хорошо. Перед выходом на пенсию «компромат» этот больной человек нашёл..Раз в квартал устраивались соревнования с проверкой чистоты и порядка в отделах. В кабинете зав. отделения тоже устроили досмотр, которого никогда раньше не проводилось... В шкафу в коробках обнаружены не одна пара обуви для смены, а целых три и об э том нарушении тюремного порядка с наслаждением обьявил, тучный, с эмфиземной одышкой, некрасивым облезлым лицом начальник. Стало его жалко, потратил столько сил зря, оставалось до пенсионного часа 6 дней, а Лина не планировала работать после пенсии. В отделе и поликлинике успокаивали её, что все знают ненормального начальника и никто не обратил внимания на его глупость. Но уходом своим Лина возбудила много протестов против глупостей, мешающих работать. Хотелось от всего, что окружало её в Москве недоброго, злого, завистливого, ревнивого бежать хоть на край света. Кроме всего прочего надежда Лины, что не подавая повода, она не будет вызывать ревность у мужа, не оправдалась. Это было патологическое проявление ревности. На улице, в гостях. принимая гостей, генерал будучи москвичом, грубо, бестактно, порой с рукоприкладством ревновал всех. И даже его водитель, подвергся таким нападкам, хотя этого водителя Лина и не видела, он где то задержался на 3 часа по своим делам и был обвинен генералом в ухаживаниях за его женой. Не только чувство уважения к человеку, который как бы в издевку над женой придумывал различные варианты ревности, исчезли после пары лет ада, но страх, неприязнь, желание куда либо уйти стали главными чувствами. Лина попыталась уехать к матери, но генерал следом приехал. Плакал, раскаивался, клялся на библии, что никогда больше не обидит. Простила, но у слова раскаяние есть корень – каин. Таким был генерал. Всё повторялось. По библейским понатиям ревность как и жадность (чувства родственные) большой грех. Но безбожным советским генералам этого не обяснишь, им хотелось хоть маленьких, но баталий. И проще всего всего можно было унижать и оскорблять женщину, беззащитную. Генерал грозил « если увижу… застрелю тебя и себя», мужечине было бы пристойнее бы местоимения поставить в обратном порядке.

Беда одна не ходит… Умирает почти вся семья Лины за один год. Слёзы текли даже тогда, когда, кажется, и не плакакала, депрессия, нежелание делать что либо, отсутствие интереса к жизни.

Такие наступили времена. Хотелось быть одной. Живя близко от Измаиловского сада она находила радость в том, что при любой погоде сидела там на лавочке среди берёз, весной любуясь свежей светлозелёной листвой, будто постоянно переговаривавшейся шелестом, осенью золотыми её блёсками на солнце, и зимой кружевными росписями веток на синем небе. Благодарила Бога, что дал ей утешительное место среди мудрой целительной природы. Жизнь в любом месте на земле окружена красотой, но только людские пороки нарушают гармонию созданную творцом и потому, покидая какой либо город навсегда, вспоминаешь красоты его, а обиды и страхи забываются. Так всегда было и у Лины. Спустя годы она писала:

Тихо. Я одна. Ни кого кругом.

На скамье сижу я в Измаиловском.

Вот ветвей узор, небо вышил он.

Вязью плотною, чёрным прочерком.

Серебром мороз сказку выкрасил.

Белой пеною ярко выстудил.

Голубая даль неба чистого .

И берёз толпа, рядом выстроясь,

Мне кричит о себе так неистово,

Что разлука с ней вот уж близкая.

О Москве печаль слезы вывела,

Здесь в чужом краю грёзы выдала.

Однажды на её скамеечку села женщина и Лина залюбовалась её красотой. Светлолицая. с русой косой, обвитой вокруг головы, с красиво вычерченными на приятном лице соболиного цвета бровями и синесиними глазами. В своей жизни Лина видела три раза ошеломляюще красивых женщин, гениев чистой красоты. До этого встречала рыжеволосую (жена сотрудника Лины в Ленинграде), зеленоглазую с изумительной кожей и идеальной фигурой. И студентку в мединституте, черноволосую Наташу Морозову. И вот была русская красавица. Боже, какое наслаждения видеть красоту. Тут Лина поняла, почему 20 лет назад, когда она ещё не прошла через море мук, смотря на неё люди плакали от счастья и падали на колени. И сейчас она была готова расплакаться. Божье провидение и дар Бога был не только в этих минутах счастья. Это было послание в другую жизнь.

Женщина с улыбкой посмотрела на Лину и сказала, « как тут красиво». Лина не удержалась и сказала. Но вы такая красивая. Женщина сказала, что она тоже красивая, но какаято замучаная. Да это были правильные слова... замученная до безжизненного состояния и слово за слово разговорились. Лина рассказала о муже, о работе и, что ей не хочется больше жить, не видит выхода из тупика. Лида, так звали красавицу, просто и уверенно сказала она знает выход: « Поедешь в Америку и там все станет ясно и выход найдёшь». В Америку?, но это не возможно, никого не зная, ехать? Но Лида взялась за дело твердой рукой: помогла Лине подготовить документы для посольства. У неё был опыт, так как её 2 племянницы уехали в США. В посольстве в приёмной было около сотни людей и в 4 окнах клерков, принимавших посетителей, выдавали преимущественно отказы. Без всякой надежды Лина подошла к окну, отстояв в очереди около часа и видя несчастных с отказами. Но божий дар был при ней.. и чудо, ей дали синенькую бумажку, повернувшись к очереди Лина спросила, что это значит... В очереди сказали беги скорее вниз и получай визу, тебе разрешили. От неожиданности даже не обрадовалась, а будто ведомая кем то, спустилась вниз и получила визу на 6 месяцев пребывания в США. У мужа просить денег не стала. Продала шубу и купила билет в Нью-Йорк. Там её должен был встретить племянник Лиды. Мужу сказала, что подруга Сюзана, которая была в гостях в США, пригласила Лину приехать и оформил приглашение её жених. Сочинскую подругу Зану муж знал. Оформляя в посольстве визу, она приезжала в Москву и жила у них почти месяц. Не очень охотно, но муж отпустил Лину, сказав: «только на 2 месяца». Говорить правду Лина боялась, так как непременно выслушала бы отказ, угрозы и непристойные инсинуации по поводу её поездки. Оставила квартиру, все украшения и шубы уехала с двумя сумками одежды Лина В США 26 декабря 1995 года. Ей было 55 лет. Под крылом самолета 10 часов сверкал водами Атлантический океан… При посадке получила сертификат о персечении океана и поздравление с прибытием в великую страну. Смешанные чувства отрыва от Родины, страха перед неизвестной страной и беспомощность были тогда при ней:

Я стою на краю в эту пору мою,

Ни во что кроме Бога не веря.

И в стихах не пою в эту пору мою.

За полвеком закрыв жизни двери.

Вижу я как угасла моя красота.

Я покинула в страхе родные места,

Отчизны раненой, истерзанной веками

Безжалостных правителей –зверей,

С неумными, мякинными мозгами,

И чтимых только дураками.

О Пушкин ! Мой мудрец любимый.

Красив, правдив и точен его слог.

Сказал, живя в России нелюдимой,

Что угораздил ж в ней родиться Бог.

Самолет кружил над НьюЙорком заходя на посадку и неожиданностью было то. что великая столица мира, как большая деревня состоит их одноэтажных домов, а по средине пятно серых как дылды небоскрёбов. Никакой красоты не было ни сверху, ни потом на земле. Было странной, что в России по территории в два раза больше штатов, города строили многоэтажные, а тут растянувшиеся на сотни километров деревня, будто в силу своей неуемной жадности стремившая поглотить как можно больше территории на земле.

Встретил Лину с планшеткой её имени в аэропорту Кенеди племянник Лиды. Молчаливый, маленький мужичок. Привез в квартиру матери, которая отдыхала на юге, переночевать и на утро повез её на работу в семью евреев уехавших из Гродно 30 лет назад. Там парализовало жену хозяина в возрасте 60 лет и нужна была помощница, сиделка, кухарка, санитарка...всё в одном лице за мизерную по тем временам зарплату. Но чужая страна, незнание языка, отсутствие друзей и помощников... всё это не оставляло выбора. Надо было, работать.

В это время Аня осталась одна с двумя детьми, без денег, без работы. Помощь стала неотложной. И врач, кандидат наук, красивая ещё Лина... превратилась в рабыню.. долгие годы рабского бесправного труда, с одним сознанием необходимости помогать дочери. Все зарабатываемые деньги пересылались ей. Так как на себя не тратила – не приходилось все тринадцать лет платить за квартиру и питание, а одежда стоила не дорого и не требовалось её много в более тёплом, чем в России климате и при постоянном пользовании автомобилем.

Прилетев в Штаты уставшей от потерь близких, ревности мужа, суеты революционных ельцинских дней, когда рушились устои нескольких поколений, когда криминал свирепствовал, когда совсем опустели прилавки и до этого скудных магазинов, когда грабили народ, скупая ваучеры сапожники и власть, когда Мовроди пирамидой и власть денежными реформами превратили в нищих 70 процентов населения и 20 едва выживали, ураганом бед выметало народ из страны. Лина уехала только по своим личным причинам и ещё в аэропорту, оглянувшись и увидев за решоткой, ограждавшей зал досмотра от зала ожидания своего мужа, слабо помахивающего рукой, не уверенного, что увидит её снова, вдруг почувствовала облегчение, будто после тяжёлого труда обмывшись чистой водой, села в удобное мягкое кресло и что бы не было впереди, такого ада не будет. Вспомнилось как в минуты припадка ревности мужа молилась и просила у Бога освободить её от этих мук и Бог дал выход из трагедии жизни с генералом. Потому, когда через месяц он позвонил, узнав телефон от подруги Сюзаны, то Лина уже совсем спокойно сказала, за тот труд, что выполняла в наших двух домах и хозяйстве получает деньги и благодарность и никто её не обзывает и не бьет. Разве кто решится на её месте вернуться.

Если в российских таблоидах читаете, что жизнь в Америке рай, не верьте. Это не страна, это огромная фабрика, тяжело работающих и получающих сытный паёк наёмников. Для эмигрантов, за небольшим исключением и особенно первый десяток лет это именно так. Исключение только велферная еврейская диаспора, в компенсацию всех преследований, в Америке приобретала полную сытость при безделии, что и привело к концу двадцатого года волны эмиграции из разрушенного советского государства к дефолту в США. Другие должны были принять образ раба и терпеть.

И опять надо было призывать мудрость., принимая все в сравнении и находя положительное, утещаться. Не стало друзей, родных улиц городов России, не стало чувства дома, не стало доступных театров и филармонии, расположенных рядом от дома, не стало библиотек, заполнены русскими книгами... Скучные улицы одноэтажных домов, всегда безлюдные, одинаковые, неряшливо одетые люди. Как монументы еврейского кладбища разноликие, грузные, грязные билдинги Манхэттена, заляпанные рекламами разнокалиберными и неприглядными... Много чёрных лиц.. Чёрный асфальт, заплеванный жвачками..Ужас концлагерный, по сравнению с которым катокомбы Петропавловки в Питере покажутся уютнами, метро НьюЙорка...Но всё это лично никого не касается... Отношения друг к другу более терпимые и, по крайней мере, вежливые. Больше улыбающихся и приветливых людей и не плохая, по стравнению с советской. зарплата даже у хаузкиперов. И чтобы дольше удерживать в сознании сравнительные прелести жизни в Америке и России Бог организовал некий район с названием

Брайтон…где снова, если ностальгия замучит, можно пролечиться от неё…Там злые ненавидяшие лица, хамливые продавцы магазинов, всегда, как на базаре, громко перекрикивающихся, не обращая внимания на покупателей, и, как с цепи срывающиеся псы, реагируют на замечания, где в магазинах, скупленное в манхетенских индийскокитайских магазинах изза страсти к спекуляции все продают на порядок дороже, где живущие на велфере, увешанные бриллиантами, в дорогих норковых шубах выбирают в мексиканском магазинчике дешёвые фрукты, не потрудившись даже вычистить грязь изпод ногтей своих.. А как они величественно ступают по бодворку, демонстрируя наряды, презирая друг друга… не описать всего пошлого и глупого… там местечковый советский союз…лечебный от ностальгии угол Нью-Йорка. Так что, если кому не нравится в США., посетите этот уголок и снова жизнь в своем углу вам покажется раем.

И так начался следующий период жизни Лины… Работа занимала руки, но не занимала разум, а в этом можно было найти удовлетворение. Первые три года ущли на каждодневное самостоятельное изучение английского. В первые дни пребывания пятидесяти шестилетней женщине, когда то 20 лет назад изучавшей по скудной школьной программе немецкий, было страшно то того что ни одного слова, слушая даже новости по телевизору, не могла понять. Состояние близкое к панике заставило искать выход. И как всегда Бог его дал. У хозяина в русской газете нашла обьявление. что поможет некто за 2 недели освоить бытовой английский. Тогда, еще не имеющая опыта общения с лживым русским зарубежьем, Лина поверила и позвонила.

Приехала молодая женщина, принесла 11 листов текста содержащего простые предложения на русском и паралельные на английском и касету с отличным американским произношением этих фраз. то был может единственный положительный случай общения с русским бизнесом. Стоило всего 70 долларов, при этом женщина приехала снова проэкзаменовала, дала существенную коррекцию Лининого произношения, при этом отметила, что за 2 недели продвинулась хорошо и может вполне работать с американцами, так как «русские» за хаускиперскую работу платят в 2 раза меньше, чем американцы. И в самом деле, вторая работа была в 3 раза легче и 2 раза выше оплата. Лина не обижалась на прежнего хозяина, платившего мало при тяжёлой работе, когда надо было убирать дом, готовить ежедневно обед, таскать буквально на себе полупарализованную его жену, кормить её, ночью 5-6 раз менять ей дайперсы... Так было принято в рускоязычной коммуне, брать много, платить мало.. И даже сохранила на долго дружеские отношения с него женой Розой, приезжала к ней на дни рождения ежегодно до смерти Розы в 2010 году.

Потом случай привел к последней работе у пожилой пары, где тоже была больна жена, но платили на 100 доллоров в неделю больше и главное предоставили отличную комнату в доме. У прежней миллионерши, имевшей четыре ресторана и два золотых магазина жила Лина в подвале в огромной, весьма благоустроенной квартире, но радом с спальней на улице стоял огромный кондиционер и все 7 месяцев не спала несчастный хаускипер, хозяева удивлялись и еще тому, что Лина была голодной. Хозяйка закупала продукты... мясо заполняло отдельный холодильник и выдавалось Лине для приготовления ужина 2 куска в стандартной упаковке для приготовления блюда на трёх человек. На неделю покупалось 3 картошки, 3 перца сладких, 6 грейпфруктов, которые хозяйка резала по полам каждое утро на завтрак для себя и мужа, на завтрак горсть сириала, заливалась холодным обезжиренным молоком. До ужина больше ничего Лине не полагалось... Словом голод и писк кондиционера выжили Лину из этого богатейшего дома, где по словам хозяйки останавливались некоторый президенты, был в гостях Френк Сенатр... где мебель из дворцов Наполеона, и улица названа именем её отца, сделавшего миллионы на пивной пене... Такова богатая Америка. И её резидент Мауро Жозефина из Ньб- Джерси, Энгельвуд. Держи глаз простым, медитировала Лина, повторяя библейский завет Христа... Богатство лишает подобия Бога... Наконец жизнь в более скромном доме у менее требовательных и довольно доброжелательных американцев среднего калибра. Это уже Лонгайленд Нью-Йорка. Дома уже дружнее и теснее расположены на улицах,чем в Энгельвуде и как то уютнее, рядом через два дома залив и далее океан. Чистый воздух. Долгое время Лонг Айленд считался курортом Нью-Йорка. Порт Вашингтон не большой городок, где проживает много белых воротничков, работаюших в Манхеттене, так как прямая, скоростная электричка, доставляла их на работу за тридцать минут. На заливе причалы были заполнены их яхтами. Был и здесь особо богатых людей район Сент Поинт, где жила подруга Лины Зиночка у своей богатой дочери, приезжая на лето к ней из Израиля. Жизнь стала приятнее и не надо было искать общения с русским зарубежьем. Язык достаточно освоен, работа не тяжёлая, есть несколько подруг приятных и не капризных.

Можно было заниматься каким либо творчеством, без которого уже не умела жить. Посылая ежемесячно половину зарплаты дочери и почти каждые два месяца посылку с вещами, Лина успокоилась и в том, что Ане стало полегче жить. И кроме того помогла выкупить ей квартиру, где прежде они занимали две комнаты, да ещё купила квартиру, чтобы сдавать пока мальчики вырастут и наконец затратила около 15 тысяч на то, чтобы и сестру Саши вытащить из комуналки… Не судите и не будете судимы, за то зло, что творили сестрицы мужа им перед Богом отвечать. Лина не помнила.

Зиночка подруга Лины делала из камня отличные скульптуры и Лина увидев это, то же решила занять руки, но камни и главное оборудование для работы были доступны миллионерам детям Зины, а Лина работала не на себя… 5 человек в Росии ждали её зарплату. И найден был более легкий способ удовлетворения своих творческих потребностей. Он не требовал особых помещений, оборудования и затрат на материал… Глина, скульптуры из глины. Их сделала Лина около 30 штук, щедро раздавая друзьям. Зина По примеру Лины тоже перешла на работу с глиной и было о чем поговорить. Зина очень интересный человек. В 1948 году выйдя замуж за польского еврея, потерявшего в войну всю свою огромную семью, она почти пешком, с трудностями и риском для жизни, добрались до Израиля, только что образованного. Пришли под пули и в нищенские условия. По пути в Зальцбурге родилась Това дочь и с новорожденной, преодолевая все трудности и опасность, они добрались до земли предков. Зина красивая женщина, её портрет очень точно описан у Фадеева в молодой гвардии и Нона Мордюкова играла хорошо, но внешность Зинв подошла бы лучше. В свои семьдесят она была ещё достаточно красива, но Зинина душа была также красива. Исключительно честный, доброжелательный и мудрый человек, что было как глоток свежего воздуха в ядовитых испарениях русской диаспоры в Америке. Просите и будет дано и свежий воздух тоже.

Шло время и уже умерла жена хозяина. у которого работала а вернее просто жила Лина. Ёще не зажили раны разлуки с Россией и особенно больно приняла Лина весть о смерти матери, словно осиротела с этой смертью. Ухаживая за больной женой хозяина, она как бы пыталась извиниться перед матерью, что не могла в последние её дни быть рядом. С глубокой болью Лина писала:

За больною, чужою старушкой,

Я как дочка родная смотрю.

Ты прости меня мамочка-душка.

Не облегчила долю твою.

Сделав жизнь мою трудной и душной,

В даль загнало меня «вороньё».

И щемит от того видно часто

Неутешное сердце моё.

Одинокой ты путь завершила.

Что- то страшное я совершила.

Заплачу видно вечной тоской.

Ты прости меня милая мама,

Что чужим моя в помощь рука,

Что когда ты болела, родная,

Я была от тебя далека.

Что б хоть как то утешить мне душу

Бог мне дал - за больною гляжу.

Я смиренно несу эту ношу.

Для тебя я . родная, служу.

Я тебя утешаю и мою.

Я тебе помогаю идти.

Как тебе облегчаю ей долю...

Ты прости меня мама, прости.

Надо было возвращаться в Россию, так как заканчивалась виза, но хозяин привык Лине, был он не очень разговорчив и доверчив, но видя, что Лина очень хорошо ухажиживала за его больной женой и была честным человеком, не хотел отпускать её и предложил ей зарегистрировать с ним брак.

Ещё брак? Лина сначала просто рассмеялась,

так как вообще никаких даже дружеских отношений между ними не было, он бос, она работник его. Но хозяин стал уговаривать, «куда ты поедешь, что будет с твоей дочерью, которой ты должна ещё помогать, наши отношения останутся такими же, просто ты гарантированно будешь со мной до моей смерти, я буду тебе также платить как платил, ты получишь документы и пенсию». Убедительные доводы заставили задуматься, да и подруги на пербой подталкивали, говоря, что это счастливый случай, многие бы хотели быть на её месте. Тем более, что хозяин был человек весьма честный и спокойный. Фред Хенсон, так звали хозяина приехал с матерью из Норвегии, когда ему было 7 лет. Служил в Армии почти 10 лет на Флоте, потом долге время работал в пожарной части НьюЙорка, уйдя на пенсию в чине шефа пожарных частей. Получал довольно большую пенсию, около 6 тысяч в месяц, жил в доме, построенном самим. Был он достаточно разумен в своем преклонном возрасте, много читал, почти ежедневно одну книгу и отлично запоминал. На вид в момент их бракосочетания он смотрелся 75 летним человеком, хотя ему было 92. Жил скромно, твердо придерживался ограниченной диеты и главное режима приёма пищи, вероятно поэтому вместе с заботами Лины о его условиях проживания прожил до 101 года. И за несколько месяцев до смерти, от Лины узнав библейскую истину о том, что никаких мук после смерти не будет, он заговорил о том, что хочет умереть, не интересно жить. Почти перестал принимать пищу и свои витамины. 30 января 2006 года в пятницу он не захотел вставать к завтраку и через 2 часа, Лина придя в комнату узнать как он себя чувствует, застала его без сознания.

Раньше он просил детей его в случае тяжёлого стояния не везти в госпиталь. Лина позвонила детям его, приехали. В субботу Лине надо было уехать в Манхеттен и, вернувшись застала мужа лежащим на функциональной кровати от хосписа в гостиной, веселым, улыбающимся и обрадовавшимся её появлению. Но рано утром в воскресенье около 5 часов он умер, тихо, спокойно.

Это было 1 февраля 2006 года, ровно 9 лет назад она пришла в этот день в дом Хенсона Фреда Лина не согласилась на судебные баталии о части наследства (дом был продан за миллион и «стаки» на полмиллиона). к чему её призывал сын Фреда и его жена, враждовавшие из-за предстоящего наследия многие годы с старшей своей сестрой. Прошло три месяца и надо было покинуть дом, в котором прожила ровно 9 лет. Нашла рядом богатых соседей, которым нужна была компаньёнка. Надо было проживать в их доме, кормить собачку и гулять с ней, после ужина, на котором всегда присутствовала и Лина и который готовили совместно с хозяйкой, считавшей себя хорошим поваром и не доверявшей это ни кому, из-за страха в передозировке жира…. надо было вымыть посуду. Днём иногда хозяина надо было везти на машине или к доктору или на лечебную гимнастику. У хозяев было 3 Лексуса, Лине не надо было покупать машину, расходы на бензин они покрывали, даже на её выходные. Работа была лёгкой и отношения сложились весьма дружественные. Хозяева оба родились в Америке, но их родители из России и Лину они иногда просили петь русские песни, приготовить русские щи, грибной суп. Зимой хозяева жили во Флориде, оставляя Лину в доме. Это было хорошее время для творчества.

Надо было завершать работу над сборником стихов. В 2006 году наконец книга была напечатана. После прошлого… так её назвала Лина… имее ввиду то, что всё настоящее после прошлого у каждого своё и это название жизни. Друзьям и знакомым подарила около 3 десятков книг и все, может из вежливости, как думала Лина, по привычке не завышать планку самооценки, но все хвалили стихи и говорили, что над некоторыми плакали. 16 летняя девочка, увидев у Зины книгу и почитав немного стала просить маму купить её со словами: «мама это же про нас стихи». Конечно было приятно, что молодые понимали стихи Лины. Другая женщина, прочитав о матери стих, расплакалась, видимо у каждого были свои тонкие струнки на которые действовали стихи. Среди мужчин, умеющих читать стихи и их воспринимать Лина в жизни встретила лишь одного человека. Это был сотрудник её в институте военной медицины, бывший при этом лауреатом гос. премии, доктором наук в свои 35 лет и очень красивым внешне человеком. Если Бог дает, то даёт много. Так и этому человеку господь дал всё. При этом был он очень скромным. Одно время они часто ходили с работы вместе через Пискарёвский парк и Валерий читал очень красиво Ахматову и Цветаеву. Они подружились и иногда ходили в кафэмороженое, но чаще гуляли по паркам, оба большие любители природы. С ним было очень уютно с его интеллегентностью и мудростью, но и ещё его красотой. Иногда в электричке, по пути с работы мужчины, видя их вместе, говорили ему комплементы и Лина не обижалась, это была правда. Вместе с тем сам Валерий, говорил, за что ему мне Бог дал повстречать такую красивую женщину. Но пришло время Лине покинуть Ленинград и они в последний раз сидели в кафэ, он плакал без звучно, просто из огромных синих глаз, опушённых густыми ресницами текли слёзы. Он пытался улыбаться и смахивал слёзы. Этот широкоплечий, русоволосый красавец был первым и последним из мужчин. с которыми бы Лине хотелось прожить всю жизнь. Но она ненароком всегда ему говорила, что не хочет быть причиной несчастья чужой семьи. У него был сын и очень больная жена. Но встретить такого человека тоже счастье, узнать что не всё в человечестве потеряно…есть же на земле те, кто может вызывать огромное чувство симпатии. С этим чувством потом было Легче жить и Лине. Стихи стала она писать после того как любовь к ним привил этот человек. Древнегреческая философия совершенно мудро разделчет чувства любви человеческой на 4 вариантаи при определенных обстоятельствах, в зависимости от развитости индивидуума она может быть сложно подчинённо включать несколько из них. Любовь к Богу (агапия), братская (фалия), к семье (сторгия), к индивидума противоположного пола, романтическая(эрос). Как понимала сама Лина, более всего ей понятна и близка любовь к божественному, потому что Бог, согласно библии, это любовь, это забота, это мудрость, это многотерпеливость, это сила. И когда в человеке замечаются в какой то степени все эти качества, то начинает другой его любить и совсем не эротической любовью…эта любовь не требует особых условий она сродни животной любви, продиктованной игрой гормонов, хоть и неизбежная в жизни, но совсем не главная, бесплодная, как не странно это звучит… Рождает, укрепляет, оздоравливает, умудряет более всего агапиявысшая любовь… И она более всего присутствовала в отношениях этих двух людей, осознающих неизбежность разлуки навсегда. И с годами становилось страшно повторить встречи, вдруг годы наложили отпечаток этой системы вещей на кого либо из них и кончится подпитывающая многие годы сила веры в то, что не совсем изуродован мир, не совсем изувечена человеческая личность… Лине седьмое чувство подсказывало, что у Валерия такое же ощущение…у них было очень много общего.

Все снится мне сон, что букеты мне даришь и даришь.

Уж давно я не знаю где ты, и ты обо мне ничего не знаешь.

Давно разлучили нас времена.

только нетленна память одна.

Не получили как видно сполна.

Ты свою радость дарить мне подарки Я принимая, святиться так ярко.

Чтоб растоплять невзгод облака. Только проходят года в некуда…

Лишь оставляют мгновения снов.

В сердце запах букета цветов.

Тех, что ты даришь и даришь… Ты любовь его верная не уйдёшь.

не оставишь.

Тогда ей было 35, а сейчас шёл 68 год её жизни… Всё проходит, оставляя след и здоровье с годами не улучшается ни у кого. Почувствовалось, что хочется уйти от ежедневной ответственности за удобство, здоровье и сытость других. Надо, наконец, переходить в мир забот о своём здоровье и своего дома.

Начавшей жизнь в маленьком местечке на берегах реки текущей среди песков Лине, теперь судьба проложила русло реки на полуостров, окружённый большой водой океанов… Все реки текут в море, а океан собирает все воды - писал Соломон в Экклезиасте – непревзойденной мудрости писании. И солнечный штат Флорида, совсем не планово вошел в её жизнь.

Решив подтвердить сертификат хоматенда, на всякий случай, проходила курс и там встретила женщину, приехавшую из Флориды на этот курс. Лена рассказывала много о Флориде и всё повторяла « как можно жить в Нью-Йорке, холодно, грязно, людно». Через месяц Лина приехала к ней, посмотреть, что за райская жизнь, описанная Леной. Конечно не рай, но тепло, красиво и правда не так многолюдно. Решила купить мобильный дом и летом 2008 года переехала во Флориду. Началась жизнь для себя.

Началась жизнь у ОКЕАНА.

Всё бы хорошо, как говорится, но под солнцем без проблем ничего не творится. Стало больше свободного времени, но доход сократился в два раза, тогда как расходы выросли в 3 раза. Надо было выплачивать рент земли, что составляло треть дохода, платить за лиз машины и бензин, ещё треть пенсии, платить за воду и газ... электричество и телефон. Почти не оставалась на питание... Помогла тренировка держать глаз простым и диета с ограничением калорийности, о которой в прессе говорилось, что продляет жизнь... Но скорее всего поддержка была в творчестве. Приехав в Флориду почти сразу начала писать вторую свою книгу, теперь по традиционной медицине о травах. о здоровом образе жизни. Конечно прежде всего это посвящалось внукам и дочери, так как внуки, несмотря на её просьбу учиться медицине, стали инженерами. Старший из них на просьбу бабушки откровенно сказал, что боится, так как слишком большая ответственность в заботе о здоровье. Но этому учат почти шесть лет в институте и, если серьёзно подходить к обучению, то не трудно стать хорошим доктором. Потому для домашнего применения Лина написала книгу, описав около 200 трав и столько же заболеваний при которых прменяются эти травы. Размышляя над жизнью Лины, можно назвать эту жизнь рекой, текущей не смотря на все препятствия. В чем смысл жизни человека? Веками решают люди этот вопрос. И действительно не легко однозначно ответить на него. Всё суета, кроме наслаждения плодами своего труда, говорит мудрый созыватель собрания Соломон Экклизиаст. Он просил Бога не дать ему ни нищеты, ни богатства. Теперь в жизни этой женщины наступил период, когда была еда, был кров, были плоды труда её – книги, картины, опыт общения с людьми, ограждающий от приобретения врагов, началась её жизнь.... но жизнь это движение, а творчество-двигатель. Прекрасна жизнь людей, сознающих свои духовные потребности, но как заверил нас Христос, они счастливы и потому, что им принадлежит небесное царство (Библия Матфея 5:3). Настало время ближе познакомиться с творцом всего и его Словом. Открыв библию Лина поняла, что трудно разобраться в ней без какого либо наставления тех, кто уже хорошо в ней ориентируется и нашлись те кого хотелось встретить. Ещё в Ленинграда, когда ей было 28 лет, работая врачом скорой помощи, она получила в подарок от 96 летней женщины старую библию 1800 года издания. на старославянском. Старушка была не очень больна, просто немного почувствовала слабость и не выходила из комнаты, о чём забеспокоились соседи и вызвали скорую. Она была «девушкойслужанкой» царицы до революции, а после революции 60 лет санитаркой в больнице, с чем поздравил её министр здравоохранения, поздравительная грамоты висела у неё на стене. По окончании визита старушка просила Лину придти к ней на следующий день. Это не было принято на скорой, но Лина пообещала придти. На другой день старушка напоила Лину чаем, рассказала о своей жизни при царице, показала много интересных фотографий, рассказала секрет молодости. Действительно, она имела довольно хорошую для ее возраста кожу секрет был в том, что она умывалась мочой и заверила, что царица делала это тоже. Как бы там ни было, старушка смотрелась всего на 60 в свои 90. Потом она показала Лине две книги. Библию и молитвенник одного года издания. Лина попробовала отказаться от подарка, но старушка сказала, что хочет, чтобы книги были у неё. Многие из библиотек и университета просят эти книги за деньги, но она сказала, что не надо ей денег ни каких. У неё есть на хлеб и больше уже ничего не надо. Лина не сразу оценила этот дар. Принесла домой и вызвала бурю восхищения у Саши, который спустя некоторое время припрятал молитвенник, может продал. А библию Лина попросила дочь сохранять и пока, по её словам, она находится у внуков. Как бы там не было.. это было знамение. В свои семедисятые она ощутила почти физически потребность в удовлетворении своих духовных потребностей. Прочтя не мало литературы по экзотерике, учению йогов, Конфуция, пришла к выводу, что сначала надо разобраться и изучить древнейшую из книг, начавшуюся три тысячи лет назад Библию – Слово Бога. Было не легко, но наученная в советской школе обучения систематике, она стала задавать себе тему, на неё отыскивать в Библии ответы и рекомендации. Так получилась книга из 200 тем и вопросов, и на каждый находилось по 10 и более стихов. Это помогло немного приблизиться к знанию о Боге и прежде всего узнать, что Бог это только добро, это любовь, прощение и забота. Раскаяние это не только чувство, это поступки, не совершать, то что осуждает Бог. Узнать что Бог близко от каждого и любит всех, но требует послушания, не послушные уходят под другое руководство и не должны упрекать Бога в своих несчастьях, им даёт Бог выбор, между ним и Дьяволом места во вселенной нет. Разобравшись в Библии человек, научится жить в духовном раю. Истино верующие, согласно статистике, живут активнее и дольше. Но долго жить в пустоте, в духовной темноте не возможно и не интересно. Своими знаниями Лина стала делиться с другими и нашлись послушные ученики, охотно изучающие Библию с ней.

Есть слепая любовь к человеку,

Но от тленной сущности она.

Живущий же к Богу любовью,

Священный на все времена.

Она открывает глаза слепому,

Счастливого ведёт дорогой в рай.

Но чтобы жить с любовью к Богу,

Сначала, грешник, истину познай.

Через познанье только благочестье.

Через познанье свет в душе твоей.

За зло не отвечай ты местью.

Бог держит суд в руке своей.

А нам он из всего оставил

Лишь радость жизни. Счастье бытия.

Законы написал и всё расставил.

Исполни их – Бог будет биться за тебя.

Послесловие. Доргой читатель, ты узнал о жизни женщины, как принято говорить обычной, типичной…, но каждый человек индивидуален, проживает «свою жизнь». Не сравнивай её с собой, не хули… Ошибок не делают только мёртвые. Но жизнь каждого это отражение времени вот его и запечатлела автор. Это время половины 20 го века. Когда образовалась Чагодоща река на севере России? И сколько ей течь? Никто не знает… Но все реки текут в Океан, неся в своих водах наши судьбы.

www.ingramcontent.com/pod-product-compliance
Lightning Source LLC
Chambersburg PA
CBHW060847050426
42453CB00008B/879